KLARTEXT

Unser NRW

Reiseführer
zu Kultur- und Naturdenkmälern
in Nordrhein-Westfalen

Ostwestfalen-Lippe

IMPRESSUM

1. Auflage September 2011

Konzept: Martina Grote
Redaktion: Winfried Raffel (Leitung), Bettina Schneider, Anica Bömke
Texte: Klartext Verlag, Essen, Cyrano Kommunikation, Münster, Dr. Ralf J. Günther, Dr. Günter Matzke-Hajek, Martina Schäfer
Satz und Layout: Schacht 11, Essen

Titelfotos: Hans Glader (Weseraue bei Petershagen), Robin Jähne (Externsteine, Horn-Bad-Meinberg), Wolfhart Kantsteiner (Burg Ravensberg, Borgholzhausen),Renate Schmitz (Museumseisenbahn, Minden)
Umschlaggestaltung: Volker Pecher, Essen
Druck und Bindung: Griebsch & Rochol Druck, Hamm

ISBN 978-3-8375-0622-8
www.klartext-verlag.de

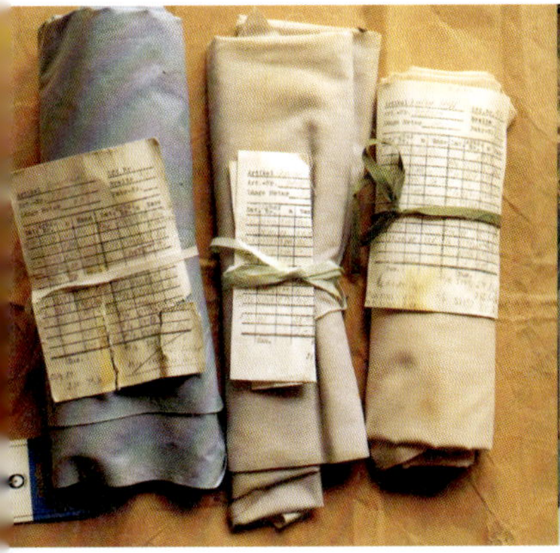

INHALT

RUND UM BIELEFELD: BURGEN UND LEBKUCHEN

RUND UM HERFORD: MITTELALTER TRIFFT MODERNE

RUND UM DETMOLD: RIESENHELD IM LIPPERLAND

RUND UM HÖXTER: HOHE BRÜCKE, TIEFES MOOR

RUND UM PADERBORN: KAISER UND COMPUTER

ANHANG

HALLO KINDER!

Ich bin Nicki Nuss, das Maskottchen der NRW-Stiftung. Ich bin wohl das einzige Eichhörnchen, das gerne reist. Meine Artgenossen bleiben eigentlich lieber zu Hause an einem festen Platz im Wald. Zusammen mit meinen Freunden Nina und Klaus, dem Frosch, reise ich im Auftrag der Nordrhein-Westfalen-Stiftung durch ganz NRW. Wir besuchen Schlösser und Burgen, erkunden dunkle Höhlen und durchstreifen tiefe Wälder. Auf meiner Internetseite www.nrw-entdecken.de
könnt ihr uns auf dem Streifzug durch Nordrhein-Westfalen begleiten. Ihr werdet sehen, es ist ganz schön spannend hier. Zu allen Ausflügen im Buch, bei denen ihr mich entdeckt, könnt ihr euch Rätselfragen, Rallyes oder Bastel-Tipps von meiner Internetseite herunterladen. Natürlich erfahrt ihr auch, was Nina, Klaus und ich schon alles erlebt haben. Außerdem findet ihr auf www.nrw-entdecken.de Videos, Spiele und Experimente mit Schritt-für-Schritt-Anleitung. So wird euer Ausflug doppelt spannend.

Viel Spaß beim Entdecken!

Nicki Nuss

LIEBE LESERINNEN, LIEBE LESER,

die Externsteine in Horn Bad-Meinberg, das Kaiser-Wilhelm-Denkmal im Wiehengebirge, Schloss Corvey in Höxter – diese Ausflugsziele sind den meisten Menschen in der Region und auch vielen Besuchern bekannt. Aber kennen Sie auch die Wäschefabrik Winkel in Bielefeld? Das alte Patrimonialgericht im Bad Wünnenberger Ortsteil Fürstenberg oder den Schmetterlings-Erlebnispfad in den Kalktriften bei Höxter?

Manche in diesem Band beschriebenen Museen stehen den Besuchern täglich offen, andere haben nur am Wochenende oder nach telefonischer Anmeldung geöffnet. Die in diesem Reiseführer beschriebenen Ausflugsziele haben aber eines gemeinsam: Es sind Natur- und Kulturprojekte der Nordrhein-Westfalen-Stiftung Naturschutz, Heimat- und Kulturpflege. Seit 1986 unterstützt sie landesweit ehrenamtliche Vereine und gemeinnützige Einrichtungen, die sich mit Herz und Hingabe für die Naturschönheiten und Kulturschätze des Landes einsetzen. Es lohnt sich, vor der eigenen Haustür, aber auch in den anderen Regionen dieses schönen Landes einmal nachzuspüren, was mithilfe der NRW-Stiftung und ihrer Partner auf den Weg gebracht werden konnte. Gerne können Sie auch ganz persönlich „schützen, was Sie lieben", als Mitglied im Förderverein der NRW-Stiftung.

Der Band Ostwestfalen-Lippe ist Teil einer achtbändigen Buchreihe, die zum 25. Geburtstag der NRW-Stiftung erschienen ist. Wer die vielen spannenden Facetten aus allen Regionen unserer Heimat Nordrhein-Westfalen entdecken möchte, der sollte sich auch die anderen Bände nicht entgehen lassen.

Ihre NRW-Stiftung

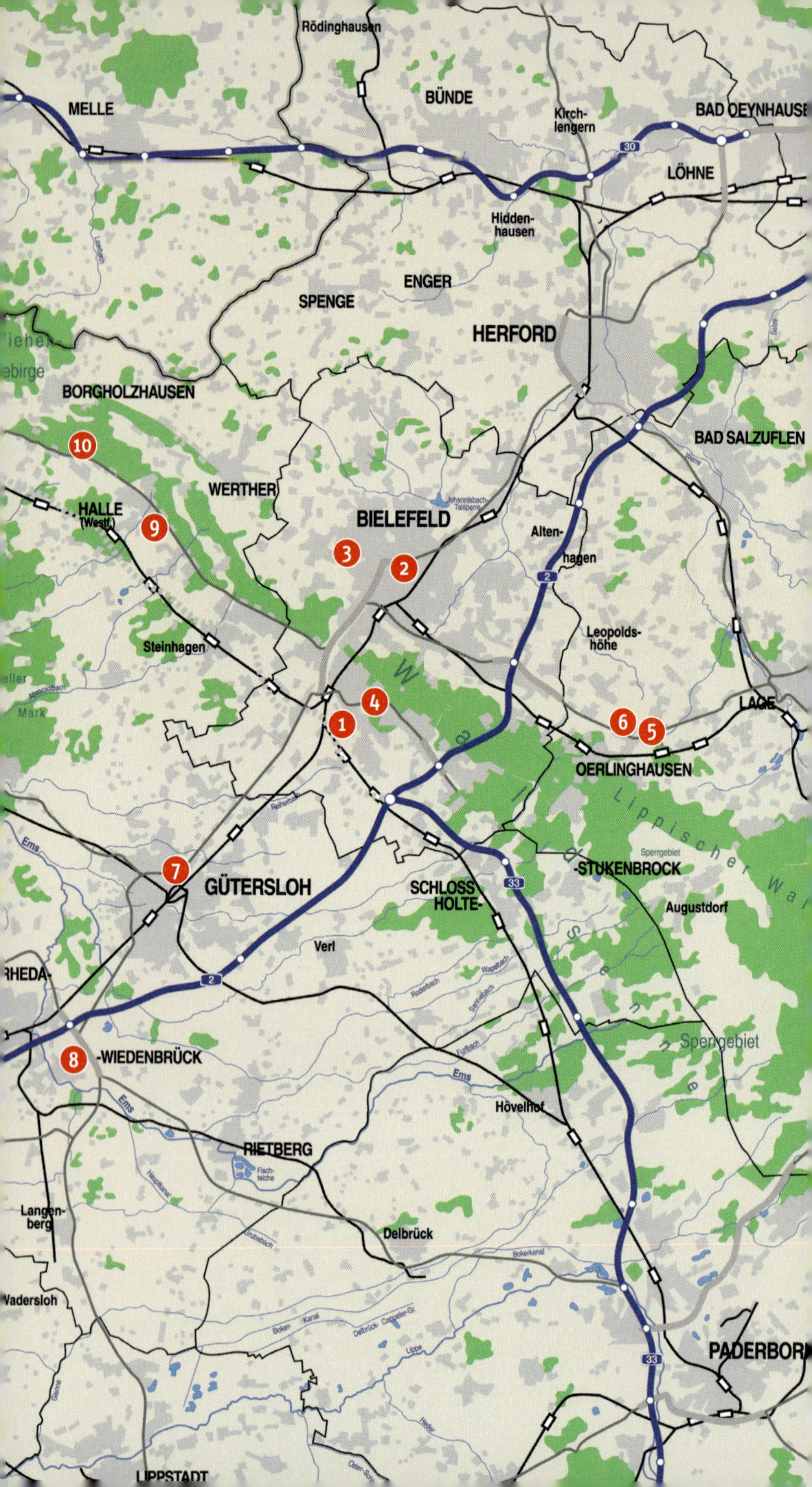
Rödinghausen
MELLE
BÜNDE
Kirch-
lengern
BAD OEYNHAUSE
30
LÖHNE
Hidden-
hausen
ENGER
SPENGE
HERFORD
BORGHOLZHAUSEN
BAD SALZUFLEN
10
WERTHER
HALLE
(Westf.)
9
Johannisbach-
Talsperre
BIELEFELD
3
2
Alten-
hagen
2
Steinhagen
Leopolds-
höhe
4
1
6
5
LAGE
OERLINGHAUSEN
Lippischer Wa
Sperrgebiet
7
GÜTERSLOH
-STUKENBROCK
33
SCHLOSS
HOLTE-
Augustdorf
Verl
RHEDA-
2
Sperrgebiet
8
-WIEDENBRÜCK
Ems
Hövelhof
RIETBERG
Langen-
berg
Delbrück
Vadersloh
PADERBOR
33
LIPPSTADT

RUND UM BIELEFELD

BURGEN UND LEBKUCHEN

Als bodenständig gelten Westfalen und als traditionsbewusst. Und das ist gar nicht ganz falsch: Was sich bewährt hat, und was die Menschen hier im Laufe der Zeit lieb gewonnen haben, das bewahren sie und pflegen es hingebungsvoll. Genau deswegen ist die Region rund um Bielefeld voller sehenswerter Baudenkmäler, interessanter Museen und herrlicher Kultur- und Naturlandschaften. Ein ganz typisches Beispiel ist die Ravensburg bei Borgholzhausen. Die Erhaltung der Ruine war der öffentlichen Hand vor einigen Jahren zu teuer geworden, und der 900 Jahre alte Bau sollte an einen privaten Investor verkauft werden. Das verhinderten die Bürger, und sie machten mit Spenden, viel ehrenamt-

Bild oben:
Schloss Holtfeld in Borgholzhausen ist eines der schönsten Beispiele von Renaissance-Architektur der Region.

Rast an der Burg Ravensberg in Borgholzhausen.

Die „Kunsttonne“ (Kohlfass) in Oerlinghausen ist der Rest einer 300 Jahre alten Windmühle.

licher Arbeit und mit Unterstützung der NRW-Stiftung ein überregional bekanntes Ausflugsziel aus dem Stammsitz derer von Ravensberg.
Borgholzhausen steht noch für eine ganz andere Tradition: Die Gemeinde mit ihren 8600 Einwohnern gilt seit dem 18. Jahrhundert als „Lebkuchenstadt“, das hübscheste Zeugnis dieser süßen Tradition ist das Ladencafé Schulze direkt in der Innenstadt. Das Gebäude stammt aus der Mitte des 19. Jahrhunderts, große Teile der Einrichtung offenbar auch. In der Vorweihnachtszeit kommt die Kundschaft busseweise und trägt das gewürzte Gebäck eimerweise heim. Und das auch zur Sommerszeit. Überhaupt ist Lebkuchen ja nicht nur eine weihnachtliche Nascherei: Im nahen Lemgo wird ein großer Teil der Lebkuchenherzen produziert, die es auf Jahrmärkten und Rummelplätzen gibt.
Burg Ravensberg ist eine der Stationen am Fernwanderweg Hermannshöhen, der von Rheine über die Kämme von Teutoburger Wald und Eggegebirge nach Marsberg führt. Das ist kein Zufall: Der moderne Wanderweg, einer der zwölf „Top Trails of Germany“, folgt dem Verlauf eines uralten Handelsweges, zu dessen Schutz der Wehrbau errichtet wurde. Tuche, Salz und andere wertvolle Handelsgüter wurden hier transportiert, bevor die Eisenbahn diesen beschwerlichen Weg überflüssig machte.
Einem der Fuhrleute, die hier einst pendelten – einem gewissen Wilhelm Stuckemeyer aus Halle –, wurde in zweifacher Hinsicht ein Denkmal gesetzt: Erstens in ganz herkömmlichem Sinne am Ronchin-Platz in Halle. Und zweitens wird die Regionalbahn RB 75 bis heute „Haller Willem“ genannt. Sie verkehrt zwischen Bielefeld und Osnabrück. Als die Bahntrasse 1886 fertig war, machte sie Willem übrigens arbeitslos.
Zum Schutz der Handelswege und der Stadt Bielefeld errichteten die Grafen von Ravensberg die 1256 erstmals erwähnte Sparrenburg in Bielefeld, die nördlichste erhaltene Spornburg Deutschlands. In 60 Metern Höhe auf Felsen errichtet, war sie praktisch uneinnehmbar

und wurde erst 1612 ernsthaft beschädigt – und zwar durch ein Erdbeben. Das heutige Aussehen der Festungsanlagen wurde vor allem im 16. Jahrhundert geprägt. Im Dreißigjährigen Krieg wurde die Burg mehrfach belagert, war zeitweise in niederländischer, dann in spanischer, später in französischer Hand und fiel schließlich an Brandenburg-Preußen, kurz: Eine Besichtigung der Anlage hoch über der Stadt ist spannend.
Bielefeld grenzt auf der einen Seite an den Unesco Natur- und Geopark „TERRA.vita", auf der anderen Seite an den Naturpark Teutoburger Wald/Eggegebirge. Egal, in welcher Richtung man also die Stadt verlässt: Überall lassen sich große und kleine Naturwunder erleben. Eines der schönsten: Im Tal der Hessel, einem Ems-Zufluss, blühen im Frühjahr tausende von Fritillarien, zu deutsch „Schachbrettblumen". Mit ihren ungewöhnlich karierten Blüten treten sie den Beweis an, dass die Natur sehr wohl rechte Winkel kennt. Die Wiesen stehen unter Naturschutz, allerdings ist das Vorkommen dieser Pflanze hier keineswegs naturgegeben. Vielmehr gilt sie als „Gartenflüchtling" aus dem ehemaligen Sassenberger Schlosspark.

Das Denkmal für den „Haller Wilhelm", jenen Fuhrmann, den die Eisenbahn arbeitslos machte.

1 RIESELFELDER WINDEL

Saisongast in den Rieselfeldern: ein Rotschenkel.

■ Die NRW-Stiftung half der Biologischen Station beim Wiederaufbau einer Remise und errichtete eine barrierefreie Aussichtskanzel im Naturschutzgebiet „Rieselfelder Windel“.

Auch Schleiereule (o.) und Turmfalke (u.). fühlen sich im Naturschutzgebiet wohl.

Die geschnäbelten Jäger halten nach Gold Ausschau. Genauer gesagt: nach Goldfischen. Die Nachkommen ausgesetzter Aquarienbewohner sind nämlich echte Leckerbissen und im flachen Wasser der Rieselfelder in Bielefeld-Senne eine leichte Beute für Graureiher und Kormorane. Doch auch viele andere Vögel lassen sich bei der Nahrungssuche in der ausgedehnten Teichlandschaft beobachten.

Um ein Haar wäre ausgerechnet der Umweltschutz der „Rieselfelder Windel“ zum Verhängnis geworden. Über viele Jahre hatte die Textilfirma Windel das etwa 100 Hektar große Gelände in Bielefeld dazu genutzt, die Abwässer zu „verrieseln“. Bei dieser Klärmethode sickert das Wasser langsam durch den von Schilfwurzeln belebten Boden und wird so gereinigt. Aus der ansonsten gewässerarmen Landschaft in Bielefeld war so ein Feuchtgebiet mit kleinen Teichen und Seen entstanden. Das in der Gegend eher seltene Schilfröhricht entwickelte sich zum Lebensraum für zahlreiche Wasservögel und andere Tierarten.

Mit der Absicht, die Umwelt zu schonen, investierte die Firma Windel in eine neue Kläranlage, die das Verrieseln überflüssig machte. Das hätte allerdings dazu geführt, dass das Naturschutzgebiet ausgetrocknet wäre. Doch Wirtschaft und Naturschützer schlossen sich zusammen, um die Zerstörung des Feuchtgebiets zu verhindern. Das Management der Firma Windel bot an, das gereinigte Abwasser weiterhin zur Bewässerung einzusetzen. Die eigens gegründete „Stiftung Rieselfelder Windel“ sichert den dauerhaften Erhalt des Geländes als Naturschutzgebiet und verschafft Besuchern Einblicke in die Tier- und Pflanzenwelt.

Auf dem Rundweg durch die Rieselfelder Windel erklären 27 Info-Stationen die Besonderheiten des Gebietes. Flache Teiche sind die Brutstätte für Watvögel wie Kiebitz und Flussregenpfeifer, zu ihnen gesellen sich zahlreiche Durchzügler.

Im flachen Wasser findet
der Grünschenkel Nahrung.

Auf dem Zug ins Brut- oder Winterquartier rasten hier auch Grün- und Rotschenkel, Wald- und Bruchwasserläufer, Flussuferläufer und Bekassinen. Für die Landschaftspflege des Grünlandes sorgen die „Weißen gehörnten Heidschnucken". Die Schafrasse gehört zu den wirtschaftlich nicht mehr interessanten Haustieren und ist deshalb gefährdet. In Bielefeld finden die Tiere nicht nur Schutz und Nahrung, sondern sie sind hier auch nützlich.
Ein ganz besonderer Lebensraum ist das Schilf. Besucher können beispielsweise die Rohrammer-Männchen mit ihrer schwarz-weißen Kopfzeichnung beobachten oder dem kratzigen Gesang der Teichrohrsänger lauschen. Bis zu 4,5 Zentimeter können die Schilfhalme am Tag wachsen und bilden dichte Bestände, in denen seltene Vogelarten wie Wasserralle und Rohrweihe sichere Brutplätze finden. Beliebt ist das Schilf auch als Rast- und Schlafquartier – Vollpension inbegriffen. Unzählige Spinnen und Insekten garantieren ein reichhaltiges Nahrungsangebot. Vor allem für die Zugvögel, die sich hier genug Energiereserven für ihre weite Reise anfressen. Spezielle Aussichtskanzeln verschaffen einen Rundum-Blick über das „Feuchtbiotop aus Menschenhand". Mit ein bisschen Glück lässt sich von dort auch der Graureiher beim „Goldraub" ertappen.

Informationen

Die Stiftung Rieselfelder Windel berichtet über das Gebiet ausführlich auf ihrer Internetseite: www.rieselfelder-windel.de

Biologische Station Gütersloh/Bielefeld
Info-Zentrum Rieselfelder Windel
Niederheide 63
33659 Bielefeld
Tel. 05209 / 98 01 01
www.biostation-gt-bi.de

Öffnungszeiten:
Mo-Fr 9-16 Uhr.
Am Wochenende nach telefonischer Vereinbarung.

Kinder

- naturpädagogische Veranstaltungen
- Führungen

www.nrw-entdecken.de

2 WÄSCHEFABRIK WINKEL

Informationen
Museum Wäschefabrik
Viktoriastraße 48 a
33602 Bielefeld
Tel. 0521 / 60 464
www.museum-waeschefabrik.de

Öffnungszeiten:
So 11-18 Uhr
Führungen nach Absprache auch außerhalb der Öffnungszeiten

Kinder
- eigenes Kinder- und Ferienprogramm

www.nrw-entdecken.de

Das Rattern und Surren der Nähmaschinen erfüllt die Produktionshalle. Seite an Seite sitzen die Näherinnen und fädeln Garn ein. Mit geübten Händen führen sie die Stoffe für Damenblusen, Hemden, Tisch- und Bettwäsche unter der Nadel her. Aufmerksam wacht die Chefnäherin, die so genannte Direktrice, darüber, dass alle fleißig arbeiten und nicht zu viel tratschen – so ähnlich könnte es in der Wäschefabrik Winkel früher ausgesehen haben.

Zwar stehen die massiven schwarzen Nähmaschinen heute still, doch die Atmosphäre von damals ist immer noch lebendig. Wie nach einem Dornröschenschlaf sind der Nähsaal und die Büroräume seit dem Bau unverändert: Stoffe, fertige Hemden und Musterbücher liegen noch an Ort und Stelle.

Dieser spannende Einblick in die Vergangenheit Bielefelds ist dem Engagement der Mitglieder des Fördervereins Wäschefabrik zu verdanken. Sie haben das versteckt in einem Hinterhof liegende Industriedenkmal inmitten der Bielefel-

der Innenstadt mithilfe der NRW-Stiftung in ein Museum verwandelt und seine wechselvolle Geschichte aufgearbeitet.

Der Kaufmann Hugo Juhl gründete im Jahr 1912/13 die Firma und ließ hier nähen, sticken und plätten. Von der Verhandlung mit den Stofflieferanten im Besucherzimmer bis hin zur Verpackung im Versandkeller liefen alle Produktionsschritte im Haus ab. Die Arbeitsordnung war streng. Und so war auch der Pausenraum nicht gerade komfortabel: Ab dem 31. März wurde die Heizung abgestellt, egal wie kalt es noch war. Bis zur Wirtschaftskrise im Jahr 1929 gehörte die Firma dank der fleißigen Arbeitskräfte zu den größten Wäschefabriken der „Leinenstadt" Bielefeld. 1938 zwangen die nationalsozialistischen Machthaber den jüdischen Besitzer Juhl schließlich zum Verkauf der Fabrik. Die neuen Eigentümer produzierten noch bis 1980, danach standen die Räume einige Jahre leer – die Zeit schien stehengeblieben.

Zahlreiche Details beschwören heute in dem Museum die emsige Geschäftigkeit von damals herauf. Der Besucher gewinnt den Eindruck, dass gleich die Näherinnen schwatzend aus dem

Der Saal wirkt, als wären die Näherinnen in einer Pause.

„Nur geschäftlich bist Du hier, Zeit ist Geld, das merke Dir. Willst Du unterhalten sein, stelle Dich des abends ein."

Wortlaut eines Bildes an der Wand der Wäschefabrik Winkel

■ Die NRW-Stiftung beteiligte sich an den Kosten für den Erwerb, die Restaurierung und die Einrichtung der „Besucherfabrik".

Pausenraum zurückkehren, um sich wieder an die Arbeit zu machen.

Mit wechselnden Themenausstellungen wie etwa „Nähmaschinen der Firma Baer & Rempel aus Bielefeld“ oder „Düppen und Damast“ bietet die Wäschefabrik ein zusätzliches Angebot. Die im plattdeutschen „Düppen“ genannten Essensbehälter, bekannt auch als „Henkelmänner“, sind beispielsweise ein ganz typisches Utensil aus der Zeit der Industrialisierung. Auch im original erhaltenen Pausenkeller der Wäschefabrik dreht sich deshalb alles um die Fabrikmahlzeit mit dem „Henkelmann“, der in den 1870er-Jahren aufkam und bis in die 1960er-Jahre Verwendung fand.

3 BAUERNHAUS-MUSEUM

Bereits im Jahre 1917 wurde das Bielefelder Bauernhaus-Museum eröffnet – das erste Freilichtmuseum Westfalens. Doch Mitte der 1990er-Jahre drohte ihm das Aus, nachdem das Hauptgebäude samt Inventar einem verheerenden Brand zum Opfer gefallen war. Die Bielefelder, von denen viele das Museum schon als Kinder gern besucht hatten, freuten sich daher, als 1999 dann doch die Neueröffnung gefeiert werden konnte. Und auch in der neu konzipierten Ausstellung sind Kinder wieder besonders willkommen. Seit Kurzem steht ihnen sogar ein eigenes Haus zur Verfügung.

Eigentlich wohnen wir alle unter Bauern – auch mitten in der Großstadt. Denn ursprünglich hatte der Begriff Bauer gar nichts mit Äckern und Vieh zu tun, sondern bedeutete einfach jemanden, der eine Hausstelle bewohnt. Man kann es daran erkennen, dass sich der Ausdruck „Bauer“ heute noch im Wort „Nachbar“ versteckt – niederdeutsch „na-buer“.

Das Bauernhaus-Museum hat ein spezielles museumspädagogisches Programm.

Trotzdem muss man die Stadt verlassen, um bäuerliche Kultur zu erleben. Oder aber man entscheidet sich für eine kleine Zeitreise und geht ins Museum. Das Freilichtmuseum auf der Bielefelder Ochsenheide bietet sich da besonders an, erhielt es 2001 doch sogar eine besondere Erwähnung beim „European Museum Of The Year Award“ – einer jährlichen Auszeichnung für die besten Museen in Europa.

Unter dem Stichwort „System Hof“ entführt das Museum den Besucher in das bäuerliche Leben vor 150 bis 200 Jahren. Es war die Zeit der „Bauernbefreiung“, in der unter anderem die Leibeigenschaft endgültig aufgehoben wurde. Zum Idyll wurde das Leben auf dem Land dadurch allerdings nicht. Der tägliche Kampf um eine

funktionierende Selbstversorgung, drückende Abgaben und drohende Missernten, manchmal sogar der blanke Hunger prägten weiterhin einen Alltag, der aus harter Arbeit bestand.

Am Ende eines solchen Arbeitslebens stand die „Leibzucht". Worunter nicht etwa eine körperliche Züchtigung zu verstehen ist, sondern das „Altenteil", auf das die Eltern gesetzt wurden, wenn der Sohn den Hof übernahm. Nicht immer erwies sich die Großfamilie dabei als so intakt, wie man es sich heutzutage gerne vorstellt. Es gab viele Konflikte, zum Beispiel weil die „Leibzüchter" – oft in einem separaten Gebäude – aus den Erträgen des Hofs unterhalten werden mussten, was dem Jungbauern manchmal über den Kopf wuchs. Mitunter wurden die Streitigkeiten dann sogar handgreiflich. Auf die bloße Familienharmonie verließ sich aber ohnehin niemand: Fast immer regelten detaillierte Verträge die Einzelheiten der Leibzucht auch juristisch.

Im Zentrum des Bauernhaus-Museums steht heute der Hof Möllering aus dem Jahr 1590. Er ersetzt den 1995 abgebrannten „Meierhof zu Ummeln". Wer die große Halle von Hof Möllering mit ihrer Herdstelle betritt, steht in einem typischen niederdeutschen „Rauchhaus". Was in diesem Fall nichts mit einer Brandkatastrophe zu tun hat, sondern mit dem fehlenden Schornstein. Da der Rauch keinen Abzug fand, räucherte er buchstäblich alles: Menschen, Kleider, Tiere – aber zum Glück auch die aufgehängten Würste und Schinken. Nebenbei konservierte er noch Holzbalken und Strohdach.

Gerade bei Kindern kann die Begegnung mit einer so urtümlichen Welt viele Fragen aufwerfen. Um ihnen alles noch besser verständlich zu machen, verfügt das Museum seit Kurzem über ein eigenes „Kinderhaus", d. h. über ein Gebäude für die museumspädagogische Arbeit. Themen wie „Vom Korn zum Brot" oder „Vom Flachs zum Leinen", bei denen die Kleinen am Ende häufig auch ein eigenes „Produkt" in den Händen halten, können hier – ergänzend zum

Informationen

Bauernhaus-Museum Bielefeld
Dornberger Straße 82
33619 Bielefeld
Tel. 0521 / 521 85 50
www.bielefelder-bauernhausmuseum.de

Öffnungszeiten:
Februar bis Dezember:
Di-Fr 10-18 Uhr
Sa/So 11-18 Uhr

Kinder

- Kindergeburtstage
- Geburtstagspicknick
- Märchenbilder-Werkstatt
- Waldwichtel-Werkstatt

Die NRW-Stiftung half beim Wiederaufbau eines historischen Fischerhauses auf dem Gelände des Bauernhausmuseums für museumspädagogische Zwecke.

Hof Möllering und das Kinderhaus (rechts).

Gang durchs Museum und wetterunabhängig – vertieft werden. Das Fachwerkgebäude ist zudem selbst schon ein Stück Geschichte. Als Fischerhaus wurde es 1568 im westfälischen Vlotho erbaut. Nach dem Abbruch im Jahr 1969 lagerte die Holzkonstruktion jahrzehntelang im Freilichtmuseum Detmold. Nun darf sie wieder aufrecht stehen – und wird bei den Kindern künftig für noch mehr schöne Erinnerungen an das Bielefelder Bauernhaus-Museum sorgen.

Im Bielefelder Raum wurde traditionell viel Flachs angebaut – was die Stadt zu einem Textilzentrum machte, denn aus Flachs wird Leinen hergestellt. Für die Bauern war der Flachs eine wichtige Einnahmequelle, manchmal diente er sogar als „Währung“, um das Gesinde zu bezahlen. Ein wichtiger Schritt bei der Flachsverarbeitung ist das „Boken“: das Weichschlagen der Stängel unter schweren Hämmern.

Im Bauernhaus-Museum kann man das in der Bokemühle aus dem Jahr 1826 nachvollziehen. Man darf sie aber nicht mit der gleich nebenan stehenden „Bockwindmühle“ verwechseln. Letztere mahlte Getreide und wurde – wie ihre Mühlenflügel weithin bekunden – vom Wind angetrieben. Die Bokemühle hingegen war eine Rossmühle: Ein Pferd musste permanent im Kreis gehen, um ihr Hammerwerk in Bewegung zu versetzen.

SEHENSWERT

Fächermuseum

Das kleine, aber sehr informative und liebevoll gestaltete Museum liegt im Herzen der Bielefelder Altstadt. Die Ausstellung präsentiert einen Streifzug durch die Kulturgeschichte des Fächers. Themenspezifische Sonderausstellungen ergänzen das Programm.

■ Informationen

Deutsches Fächermuseum Barisch Stiftung
Am Bach 19
33602 Bielefeld
Tel. 0521 / 64 186

4 SCHULMUSEUM OSTHUSSCHULE

Früher war alles anders. Auch die Schule. Wie genau der Unterricht damals aussah, davon können sich Besucher des Schulmuseums Osthusschule überzeugen. Das Museum als solches ist trotz seines Themas zwar noch gar nicht so alt – es wurde 1995 von Hans Schumacher und Volker Menzel gegründet –, das Schulgebäude jedoch hat schon so manches Jährchen auf dem Buckel: 1889 gab die Gemeindevertretung den Auftrag, in Senne drei neue Schulen zu bauen. 1894 ging dann als eine von ihnen die Osthusschule in Betrieb.
Heute befindet sich in einem der beiden Klassenzimmer ein Unterrichtsraum aus der Zeit um 1900. Alte Bänke, Katheder, Schränke, Wandtafeln und Bilder des Kaiserpaares geben einen Einblick in den Unterricht von damals.
Im zweiten ehemaligen Schulraum zeugen Sammlungen von historischen Unterrichtsgeräten und Schulsachen ebenfalls von einstigen Lehrmethoden. In der ehemaligen Lehrerwohnung befindet sich darüber hinaus das Heimatarchiv des Stadtbezirkes Bielefeld-Senne.

Informationen
Schulmuseum und Heimatarchiv Osthusschule
Friedrichsdorfer Str. 100
33659 Bielefeld-Senne
Tel. 0521 / 40 15 08
www.museum-osthusschule.de

Kinder
- historischer Unterricht für Schulklassen

Mithilfe der NRW-Stiftung konnte das Museum Osthausschule erweitert und ausgebaut werden.

Das rekonstruierte frühmittelalterliche Hallenhaus in Oerlinghausen gibt Einblicke in das Leben vor 1300 Jahren. Es dient dem Museum aber auch als Veranstaltungsraum.

5 ARCHÄOLOGISCHES FREILICHTMUSEUM

Schon vor über 200 Jahren wurde Oerlinghausen wegen seiner „frischen Bergluft“ und der herrlichen „Schweizeraussicht“ gerühmt. Nun sind die Höhenzüge in der Bergstadt am Teutoburger Wald zwar nicht annähernd so hoch wie in der Schweiz, sie bieten aber viele reizvolle Blicke in die Ferne. Fernsichten ganz anderer Art gibt es hingegen im Archäologischen Freilichtmuseum von Oerlinghausen: Hier ruht das Auge des Betrachters auf fernen Vergangenheiten.

Nicht weniger als 12.000 Jahre Geschichte hat das Museum auf rund anderthalb Hektar Fläche versammelt. Ein spannender Rundgang führt die Besucher zu Zeltbehausungen eiszeitlicher Rentierjäger, zu Birkenrindenhütten aus der Mittelsteinzeit oder zu vor- und frühgeschichtlichen Hallenhäusern. Spätestens am Gehege der „Düppeler Weideschweine“ wird die Geschichte sogar buchstäblich lebendig. Das Borstenvieh hat durch Rückzüchtung das Aussehen alter Hausschweinrassen bewahrt, die man früher bevorzugt im Wald wühlen und weiden ließ – gelegentliche Seitensprünge mit Wildschweinen waren offenbar einkalkuliert und sorgten für besonders robusten Ferkelnachwuchs.

Höhepunkt eines Museumsbesuches ist die eindrucksvolle Rekonstruktion eines frühmittelalterlichen Siedlungsplatzes aus dem 7. Jahrhundert. Das Gebäudeensemble mitsamt einer voll funktionsfähigen Schmiede wird von einem 25 Meter langen Hallenhaus mit großem Buckeldach beherrscht. Archäologische Spuren solcher Häuser, die zum Wohnen und zugleich wohl auch als Ställe dienten, hat man in Westfalen schon mehrfach entdeckt. Sie waren übrigens keineswegs für die Ewigkeit gebaut, denn nach 20 bis 30 Jahren wurden ihre in den Boden eingelassenen Holzpfosten hoffnungslos morsch. Woraus folgt: Je authentischer ein heutiger Nachbau, desto sicherer ist es, dass auch er innerhalb dieses Zeitraums dem Zahn der Zeit zum Opfer fällt.

Informationen

Archäologisches Freilichtmuseum
Am Barkhauser Berge 2-6
33813 Oerlinghausen
Tel. 05202 / 22 20
www.afm-oerlinghausen.de

Öffnungszeiten:
März bis November
Mo-So 9-18 Uhr
November bis März
Sa/So 9-18 und für Gruppen nach Voranmeldung

Kinder

- museumpädagogisches Programm

www.nrw-entdecken.de

Dank der NRW-Stiftung konnte im Archäologischen Freilichtmuseum Oerlinghausen ein mittelalterliches Langhaus als neues Museumsexponat errichtet werden.

„So wanderte ich von Bielefeld über sonnige Höhen, wo die goldenen Zißtröschen im dürren Grase brannten, durch alte Wälder, in denen kein Vogel mehr sang, über hohe, braune Heidhügel, deren strenge Farbe ein dürftiger Rosenschein milderte, nach Oerlinghausen und weiter zur einsamen Senne, dem Lande, das nie der Wanderer besucht, das nie die Neugier betritt, in dem die Menschen so spärlich sind und die Häuser so dünn gesät (...)"

Hermann Löns, 1911: „Frau Einsamkeit"

Das Museum präsentiert nicht nur Geschichte, es hat auch Geschichte. Problematisch waren seine Anfänge, wurde es doch 1936 als „Germanengehöft" eröffnet – in einer Zeit, als die Nazis germanische Geschichte hemmungslos für ihre rassistische Propaganda missbrauchten. Heute wendet sich das Museum mit modernen Konzepten umso engagierter gegen alle ideologischen Geschichtsverzerrungen. Als Mitglied im europäischen Netzwerk „Exarc" gehört es einer internationalen Organisation archäologischer Freilichtmuseen an, die für fachliche Qualitätsstandards steht. Das Initiativtreffen zur Gründung von Exarc fand 2001 übrigens in Oerlinghausen statt.

6 WALLBURG AUF DEM TÖNSBERG

„So stieg ich bergauf, an der Hünenkapelle auf dem Tönsberg vorüber, durch Buchenwald, in dessen Schatten die Bickbeersträucher strotzten …“

Der Wanderer, der diese Worte 1898 schrieb, war Herman Löns. Wenn man ihm heute auf dem Kamm des Teutoburger Waldes zum Tönsberg bei Oerlinghausen im Kreis Lippe folgt, stößt man hier immer noch auf die Ruine einer alten Kapelle. Der Volksmund, der rätselhafte steinerne Überreste gerne den Hünen – dem Volk der Riesen – zuschreibt, nennt sie die Hünenkapelle. Wortgeschichtlich stammen die „Hünen“ übrigens von den Hunnen ab, die bis in die Mitte des 5. Jahrhunderts n. Chr. ihre gefürchteten Eroberungszüge durch Europa machten. Da die Hünenkapelle auf dem Tönsberg allerdings

SEHENSWERT

Stammlager 326
Die Dokumentationsstätte Stalag 326 (VI K) Senne befindet sich im ehemaligen Arrestgebäude des gleichnamigen Kriegsgefangenenlagers. Die Dauerausstellung auf dem heutigen Gelände des Polizeiausbildungsinstitutes „Erich Klausener“ informiert über die unmenschlichen Haftbedingungen der vorwiegend sowjetischen Gefangenen und zeigt seltene Handwerkstücke der Häftlinge.

■ Informationen
Stalag 326 (VI K) Senne
Lippstädter Weg 26
33758 Schloß Holte-Stukenbrock
Tel. 05257 / 30 33
www.stalag326.de

Die Kapellenruine liegt mitten in einer vorgeschichtlichen Wallburg, hoch über der Wistinghauser-Schlucht, einer der uralten Wegeverbindungen über den Teutoburger Wald.

erst 1432 und damit fast tausend Jahre später in den Urkunden auftaucht, hat sie ganz sicher weder mit Hünen noch mit Hunnen etwas zu tun – dafür aber mit dem heiligen Antonius. Denn dessen Name lautet im rheinischen Dialekt bekanntlich Tünnes und im niederdeutschen Platt Tönnies. Dieser heilige Tönnies war der Patron der Kapelle, und er hat auch dem 330 Meter hohen Tönsberg seinen Namen gegeben.
Über die Geschichte der in den 1930er Jahren leider nicht denkmalgerecht ergänzten Kapellenruine ist kaum etwas bekannt. Dass sie ein bedeutender mittelalterlicher Wallfahrtsort gewesen sei, ist eine oft zitierte, aber schwer belegbare Angabe. Doch gerade das geheimnisvolle Schweigen der Vergangenheit regt die Phantasie der Menschen nur umso wirkungsvoller an. Vor allem, wenn es dabei um eine alte Ruine geht, die hoch über einer malerischen Schlucht inmitten einer noch viel älteren Wallburg liegt. Bei letzterer handelt es sich um die Relikte eines vorgeschichtlichen Befestigungswerkes aus der Eisenzeit, das sich über ein fast sechs Hektar großes Gelände erstreckt. Zusätzlich sind auch noch einige Mauerreste und Abschnittswälle aus dem frühen Mittelalter vorhanden.
Die Nordrhein-Westfalen-Stiftung hat am Tönsberg ein rund 45 Hektar großes Waldgebiet als archäologisches Reservat erworben. Bodendenkmäler und Natur sind dadurch auf dieser Fläche dauerhaft geschützt. Damit sich die Besucher orientieren können, weist ein beschilderter Rundgang den Weg zu den interessantesten Punkten. Wer mehr wissen will, sollte auf keinen Fall den Besuch im nahgelegenen Archäologischen Freilichtmuseum Oerlinghausen vergessen, denn hier wurde ein Abschnitt der vorgeschichtlichen „Pfostenschlitzmauer“ auf dem Tönsberg nach dem derzeitigen Erkenntnisstand rekonstruiert. Vom Museum aus verläuft ein schöner Wanderweg zur Hünenkapelle. Dabei stößt man unterwegs unter anderem auf einige Hügelgräber – und auch auf ein Denkmal für Hermann Löns.

Informationen

Biologische Station Lippe
Domäne 2,
32816 Schieder-Schwalenberg
Tel. 05282 /462
www.biologischestation-lippe.de

Naturschutzbund Deutschland, Kreisverband Lippe,
Schlossstr. 18
42657 Lemgo
Tel. 05261 / 25 02 47
(Mo/Mi 9-12 Uhr)
Tel. 05231 / 62 673 (werktags, Bernd Mühlenmeier)

Die NRW-Stiftung erwarb das Bodendenkmal Wallburg Tönsberg und unterstützte weitere Grabungen.

7 STADTMUSEUM GÜTERSLOH

Der große Schreibtisch aus Buchenholz gehörte einem der bedeutendsten Wissenschaftler der Medizingeschichte: Robert Koch (1843–1910). In der Zeit als Direktor des Berliner Hygiene-Instituts leistete er an diesem Schreibtisch fruchtbare Arbeit. Für seine Entdeckungen über die Tuberkulose erhielt der Bakteriologe 1905 den Nobelpreis für Medizin. Seit zwei Jahren bereichert das Möbelstück des berühmten Vorbesitzers die medizinhistorische Ausstellung des Stadtmuseums im ostwestfälischen Gütersloh.

Skelett kommt vom griechischen „skeletos“ und bedeutet ausgetrockneter Körper oder Mumie.

Die Besucher können diesen Schreibtisch nicht nur bewundern, sondern ihn auch berühren und daran Platz nehmen. Der Schreibtisch von Robert Koch ist das wohl bekannteste Exponat des 1988 gegründeten Museums. Bilder, Instrumente, Modelle, Möbel und Präparate bieten den Besuchern eine interessante Zeitreise durch die Geschichte der Medizin und des Gesundheitswesens. Eindrucksvoll, lehrreich, realistisch und manchmal auch kurios. In jedem Fall richtig lebendig. Die Zeitspanne reicht von der Antike über das Mittelalter bis in die 1980er-Jahre.

Viele Bilder dokumentieren frühere Behandlungsmethoden – für uns heute fremdartig und oft auch grausam: Menschliche Köpfe wurden manchmal sogar über lodernde Flammen gehalten, um böse Geister zu vertreiben. Und beim Anblick der furchterregenden Instrumente früherer „Zahnreißer“ wird schnell klar, dass die da-

Renate Horsmann am Schreibtisch Robert Kochs: Hier entwickelte der berühmte Mikrobiologe ein Mittel gegen Tuberkulose.

mit verbundene Behandlung extrem schmerzhaft werden konnte. Die wissenschaftliche Anästhesie entwickelte sich schließlich erst seit der Mitte des 19. Jahrhunderts. Aber auch die zahnärztlichen Behandlungsstühle aus den Jahren 1925 und 1955 dürften dem Museumsbesucher ein mulmiges Gefühl machen: Der Zahnbohrer wurde noch über ein Fußpedal betrieben. Doch keine Angst – gebohrt wird im Museum garantiert nicht mehr.
Schubladen ziehen, sich hinter den Tresen stellen, Heilpflanzen fühlen und ihren Duft genießen – in der Apotheke wird der Besucher zum Drogisten, der Arzneimittel nach ärztlicher Anweisung noch von Hand zubereitet. Apropos Hand: Durch eine einfache Simulation kann man in der Ausstellung „live“ erleben, wie ein Röntgengerät älteren Datums diagnostiziert, ob die Knochen in Ordnung sind. Der Anblick der eisernen Lunge allerdings schnürt vielen Besuchern schon ein wenig die Luft ab. Allein der Gedanke, in diesem massiven Gerät zu liegen,

Pillen und vieles mehr musste ein guter Apotheker immer parat haben. Erik Brambrink, Detlev Lütgert, Werner Riedel, Dr. Rolf Westheider, Inge Schmits, Renate Horsmann (v.l.n.r.) vom Heimatverein können einiges aus den Schubladen ziehen.

■ Die NRW-Stiftung unterstützte Sanierungsarbeiten am Gebäude des Stadtmuseums.

Ungewöhnliche Apparate wie diese Eiserne Lunge waren Schritte auf dem Weg zur modernen Medizin.

fördert ein leicht beklemmendes Gefühl. Menschen, deren Atemmuskulatur durch eine Kinderlähmung beeinträchtigt war, hatten jedoch keine Wahl. Sie wurden mit diesem System mechanisch beatmet und am Leben erhalten.

Einen Schwerpunkt der Ausstellung bildet die Praxiseinrichtung von Dr. Wilhelm Angenete (1890–1984). Sogar sein weißer Kittel hängt am Haken. Als Behandlungsstuhl diente Dr. Angenete ein schlichter Holzstuhl, weiß gestrichen, mit Binsengeflecht und Kopfstütze. Dem Gütersloher Arzt und seiner Schwester Else ist die Gründung des Stadtmuseums zu verdanken. Sie schenkten dem örtlichen Heimatverein vor über 20 Jahren das Grundstück mit drei Gebäuden sowie die komplette Praxiseinrichtung inklusive Wartezimmer.

Heute ist das 1988 gegründete und stetig erweiterte Museum im norddeutschen Raum das einzige stadtgeschichtliche Museum mit medizinhistorischem Schwerpunkt. Regelmäßige Sonderausstellungen widmen sich verschiedenen Themenbereichen von der Entwicklung der Chirurgie über die „Entbindungskunst“ bis hin zur Geschichte der Zahnmedizin.

„Es ist mir nämlich gelungen, die Bakterien mit solchen Farbstoffen zu imprägnieren, welche ihre Form nicht verändern und sie ganz ausserordentlich deutlich erscheinen lassen.“

Robert Koch, 1876, in einem Brief an Carl Zeiss

Die medizinhistorische Zeitreise bleibt nicht ohne Nebenwirkungen, regt an zu Gesprächen, Gedanken und Gefühlen. „Wir zeigen etwas, das die Menschen sehr emotional betrifft", erläutert Dr. Rolf Westheider, Leiter des Museums. Der Blick zurück schärft den Blick für die Gegenwart. „Wir zeigen, dass medizinische Behandlungsmethoden früher schmerzhaft und Eigenleistungen selbstverständlich waren", sagt Westheider. Dieser Blick zurück lehrt zugleich die gegenwärtigen Verhältnisse und das heute hoch entwickelte Gesundheitswesen zu schätzen. Er macht außerdem dankbar für medizinischen Fortschritt.
Das Stadtmuseum kooperiert oft mit anderen Museen, es stellt Leihgaben für medizinhistorische Projekte in Kliniken und Unternehmen zur Verfügung. Gern nimmt es auch gestiftete Exponate von Gütersloher Familien, Firmen, Ärzten und Krankenhäusern entgegen. „Die Zeugnisse von gestern können wir hier schon heute sichtbar machen", weiß Westheider. „Der Blick auf die Vergangenheit bietet die Möglichkeit zur Auseinandersetzung. Sich wiederfinden, das bedeutet, dem Besucher das historische Profil seiner Stadt und der Heimat nahebringen."

Informationen

Stadtmuseum Gütersloh
Kökerstraße 7–11a
33330 Gütersloh
Tel. 05241 / 266 85
www.stadtmuseum-guetersloh.de
Träger ist der Heimatverein Gütersloh e.V.
Renate Horsmann
Hardenbergstraße 46,
33332 Gütersloh
Tel. 05241 / 42 12
www.heimatverein-guetersloh.de

Kinder

- museumspädagogisches Angebot

www.nrw-entdecken.de

8 WIEDENBRÜCKER SCHULE

Auch das Holzhandwerk kann im wahrsten Sinne des Wortes eine hohe Kunst sein. So manches Werk der „Wiedenbrücker Schule" erreichte sogar eine Höhe von bis zu acht Metern. Denn was heutzutage kaum noch jemand weiß: Der kleine westfälische Ort Wiedenbrück war zwischen 1860 und 1920 ein herausragendes Zentrum kirchlicher Kunst, in dem neben Skulpturen und Gemälden auch Hochaltäre für zahlreiche Gotteshäuser im In- und Ausland entstanden. Die Wiedenbrücker Künstler knüpften bewusst an die Traditionen des Mittelalters an.
Wer beim Besuch des „Wiedenbrücker Schule Museums" an Rohrstöcke und Schiefertafeln denkt, liegt damit zwar völlig falsch, mit seiner Versetzung darf aber auch der Ahnungslose rechnen – der Versetzung in die Zeit des Historismus, als in Deutschland die Türme in den Himmel wuchsen. Es waren die Türme zahlreicher neuer Kirchen, die jedoch oft aussahen wie

die romanischen Dome oder gotischen Kathedralen der Vergangenheit. Denn ausgerechnet als das Zeitalter der Industrie sich daran machte, die Welt zu revolutionieren, bauten die Architekten gerne im Stil des Mittelalters.
Der Neubau oder die Umgestaltung zahlreicher Kirchen in der zweiten Hälfte des 19. Jahrhunderts, als die Bevölkerung in den Städten und Ballungsgebieten durch die Industrialisierung rasant anwuchs, schuf einen gewaltigen Bedarf an kirchlichem Inventar. Wie gewaltig, das beweisen die Datenbanken des „Wiedenbrücker Schule Museums" eindrucksvoll: Mehr als 700 Kirchen, die ihre Ausstattung ganz oder zum Teil aus Wiedenbrück bezogen haben, sind darin verzeichnet. Die Spuren von Altären, Gemälden, Kanzeln oder Beichtstühlen führen dabei weit über die deutschen Grenzen hinaus, nicht selten sogar über den „Großen Teich" bis nach Amerika oder Kanada.
Doch mögen die Werke der Wiedenbrücker Schule auch weltweit verstreut worden sein, das

Informationen
Wiedenbrücker Schule / Museum
Hoetger-Gasse 1, 33378 Rheda-Wiedenbrück
Tel. 05242 / 93 010
www.wiedenbruecker-schule.de

Öffnungszeiten:
Mi, Sa, So 15-17 Uhr
Führungen am 1. Sonntag im Monat

Die NRW-Stiftung half bei der Einrichtung der Ausstellungs- und Begegnungsstätte zur „Wiedenbrücker Schule" in Rheda-Wiedenbrück.

im November 2008 eröffnete neue Museum erlaubt dennoch einen konzentrierten Blick auf die Zeit des Historismus, wie er derzeit so nirgendwo anders möglich ist. Denn in Wiedenbrück kann man dieser Stilepoche buchstäblich in die Werkstatt schauen – nicht nur weil die Ausstellung in der ehemaligen Altarbauwerkstatt „Diedrichs und Knoche“ untergebracht ist, die dadurch vor dem Abriss bewahrt wurde. Sondern vor allem, weil diese Ausstellung nicht „einsame“ Genies präsentiert, sondern ein lebendiges, kooperatives Netzwerk aus Kunsttischlern, Altarbildhauern, Malern, Vergoldern und Farbspezialisten, das in Wiedenbrück für einen internationalen Markt arbeitete und dabei Vertrieb und „Marketing“ gleich selbst in die Hand nahm. Zur Kunst der Wiedenbrücker Schule gehörte daher auch die Kunst der Öffentlichkeitsarbeit – in Form von Prospekten, Inseraten und Werbeschriften. Und es kam auf eine gute Ausbildung an. Der Besucher kann im Museum nachvollziehen, wie es gegen staatliche Widerstände gelang, in der Stadt eine eigene Zeichen- und Modellierschule zu etablieren, deren Lehrpläne auf die speziellen Anforderungen des Kunsthandwerks am Ort zugeschnitten waren. Womit nebenbei klar wird: Der Ausdruck „Wiedenbrücker

Die historische Bildhauerwerkstatt Mormann um 1900.

Schule“ bezeichnet nicht nur eine künstlerische Richtung, sondern auch ein Lehrinstitut.
Dass sich ausgerechnet ein kleines Städtchen in Ostwestfalen zu einem so produktiven Zentrum der Sakralkunst entwickelte, das lag nicht zuletzt an einem einzelnen Mann: Franz Anton Goldkuhle. Der in Wiedenbrück geborene Holzschnitzer eröffnete 1854 in seiner Heimatstadt eine Kunsttischlerei, die zehn Jahre später den Hochaltar für die Wiedenbrücker Franziskanerkirche anfertigte. Aus der erfolgreichen Durchführung dieses Projekts erwuchsen für Goldkuhle bald auch Kontakte zu Kirchenbaumeistern außerhalb Wiedenbrücks – und entsprechende Anschlussaufträge. Goldkuhle versuchte, die Produktpalette seines Betriebes zu vergrößern, indem er zusätzlich Maler, Ornamentkünstler und Bildhauer einstellte. Die enge Zusammenarbeit unterschiedlicher Kunsthandwerke gehörte zu den wichtigsten Erfolgsgeheimnissen der Wiedenbrücker Schule: Um das Jahr 1900 gab es nicht weniger als 15 unterschiedlich spezialisierte Kunstbetriebe in Wiedenbrück, die teilweise von ehemaligen Angestellten Goldkuhles gegründet worden waren, wie beispielsweise dem Bildhauer Anton Mormann. Dieses breite handwerkliche Spektrum machte es möglich, innerhalb der Stadt komplette Kirchenausstattungen vom Glasfenster bis hin zum Beichtstuhl herzustellen. Für die Wiedenbrücker Werkstätten war dies ein wichtiger Standortvorteil: Denn gerade für das 19. Jahrhundert, in dem zum ersten Mal der Begriff des „Gesamtkunstwerks“ aufkam, war es eine besonders reizvolle Vorstellung, „gotische“ oder „romanische“ Kirchen wie aus einem Guss zu bauen – und auszustatten.
Nach dem Ersten Weltkrieg jedoch gerieten viele der Betriebe zunehmend in wirtschaftliche Schwierigkeiten. Und so besann sich so mancher wieder darauf, dass das Holzhandwerk zwar eine hohe Kunst sein kann – aber nicht sein muss. Man widmete sich fortan der ganz normalen Möbeltischlerei.

Das Wiedenbrücker Schule Museum ist in einer ehemaligen Altarbauwerkstatt untergebracht.

9 MUSEUM HALLE

„Das Werk, das man malt, ist eine Art, Tagebuch zu führen."

Pablo Picasso, 1932

„Jedem Anfang wohnt ein Zauber inne ..." heißt es in einem Gedicht von Hermann Hesse. Nicht alle Anfänge sind jedoch so faszinierend wie die ersten Schritte zu einem großen Lebenswerk. Im westfälischen Städtchen Halle bei Bielefeld zeigt das „Museum für Kindheits- und Jugendwerke bedeutender Künstler" frühe Bilder von Pablo Picasso, August Macke, Paul Klee, Hannah Höch und vielen anderen berühmten Namen. Die einzigartige Sammlung beweist: Genie kündigt sich oft schon im Kindergartenalter an.
Kleine Knirpse malen gerne bunte Bilder. Aber können sie auch „Werke" hervorbringen? Museumsgründerin Ursula Ruth Blaschke trifft eine klare Unterscheidung: Die „Keimlinge großer Kunst", die man in Halle sieht, sind keine normalen Kinderbilder, sondern vor allem Zeugnisse außergewöhnlicher Begabung. Es ist der früh entwickelte Drang zu bewusster Gestaltung, der sie kennzeichnet. Selbst Motive, die ganze Lebenswerke durchziehen, können dabei schon auftauchen – Stierkampfszenen beim neunjäh-

Museumsleiterin Ursula Blaschke und der Kunstexperte Adolf Eickhorst inmitten der Werke von Irene Müller.

rigen Picasso etwa oder die charakteristischen überdimensionierten Köpfe bei Paula Modersohn-Becker. Besonders verblüffend: Paul Klee brachte seine für ihn so typische „Strichtanne“ bereits als Dreijähriger erstmals zu Papier.

Nicht nur die Musik, auch die bildende Kunst kennt offenkundig ihre „Wunderkinder“. Der 1995 verstorbene Hamburger Künstler Horst Janssen beispielsweise ging schon mit zwölf Jahren so versiert zu Werke, als habe er bereits Jahrzehnte am Zeichentisch verbracht. Und ein großformatiger Frauenakt des erst 15-jährigen Kurt Schwitters strahlt bereits die ganze gestalterische Sicherheit eines Erwachsenen aus. Dennoch: Das Museum in Halle will keine Leistungsschau kindlicher Kunstrekorde inszenieren, sondern vor allem den Sinn des Betrachters für die Eigenarten großer künstlerischer Lebenswerke schärfen. Mit seinen vielen pädagogischen Angeboten nimmt es Kinder dabei konsequenterweise auch als Museumsbesucher ernst.

Untergebracht ist die 1987 eröffnete, weltweit einzigartige Sammlung in einem verwinkelten mittelalterlichen Gebäude am historischen Kirchplatz der 20.000-Seelen-Stadt Halle. Mit

SEHENSWERT

Haller Herz

Fachwerkhäuser zieren den Ortskern von Halle. Besonders eindrucksvoll ist die so genannte Kirchringbebauung, auch „Haller Herz“ genannt: Hier reihen sich zahlreiche Fachwerkbauten aneinander; der älteste davon wird auf das Jahr 1512 datiert (Kirchplatz Nr. 3).

■ Informationen
www.hallewestfalen.org

Diese Karikatur zeichnete August Macke mit zwölf Jahren.

der oft mehr anstrengenden als anregenden Atmosphäre großer Kunsthallen hat die „Kunst in Halle" wenig gemein. Zum Glück: Kaum irgendwo anders kommen so unterschiedliche Künstler dem Besucher so zwanglos nahe, erlebt er ihre Werke doch nicht als abgehobene „Kulturgüter", sondern als lebendigen und oft auch humorvollen Ausdruck einer menschlichen Entwicklung.

In zwei Jahrzehnten unermüdlichen Einsatzes hat Museumschefin Ursula Blaschke bereits zahlreiche Kostbarkeiten aus Kindheitstagen heben können – manche davon auf Dachböden oder in den Schlafzimmern der Künstlererben. Von anfänglicher Abweisung oder gar regelrechten Hinauswürfen hat sie sich dabei nie abschrecken lassen. Und so ist die Liste der in Halle gezeigten Künstler längst ebenso lang wie erlesen: Albrecht Dürer, Caspar David Friedrich, Otto Dix, Ernst Ludwig Kirchner, Oskar Kokoschka, Salvador Dalí, Ernst Fuchs, Irene Müller – die Reihe ließe sich fortsetzen.

Einen Schwerpunkt der Ausstellung bilden westfälische Maler wie Peter August Böckstiegel und Hermann Stenner. Auch der im sauerländischen Meschede geborene August Macke zählt dazu. Schon als Zwölfjähriger zeichnete er brillante Karikaturen, von denen eine zum Markenzeichen des Haller Museums geworden ist. Mit gekonnten Strichen bannt sie die Rutschpartie eines Reiters über den Rücken seines bockenden Pferdes aufs Papier: Es ist noch nicht ganz der „Blaue Reiter" – die Künstlervereinigung, deren Mitglied Macke später wurde –, aber immerhin ein Reiter, dem einige blaue Flecken drohen ...

Informationen

Das Museum für Kindheits- und Jugendwerke bedeutender Künstler
Kirchplatz 3
33790 Halle (Westf.)
Tel. 05201 / 10 333
www.museum-halle.de

Öffnungszeiten:
Di-Mi 10-17 Uhr (nur für angemeldete Gruppen)
Do-So 10-17 Uhr (auch Einzelführungen möglich)
Um rechtzeitige Anmeldung wird gebeten.

Die NRW-Stiftung erwarb Exponate für das „Museum für Kindheits- und Jugendwerke bedeutender Künstler" und half bei Restaurierungs- und Ausstellungsmaßnahmen.

Pablo Picasso

Marc Chagall

August Macke

Hermann Stenner

Paul Klee

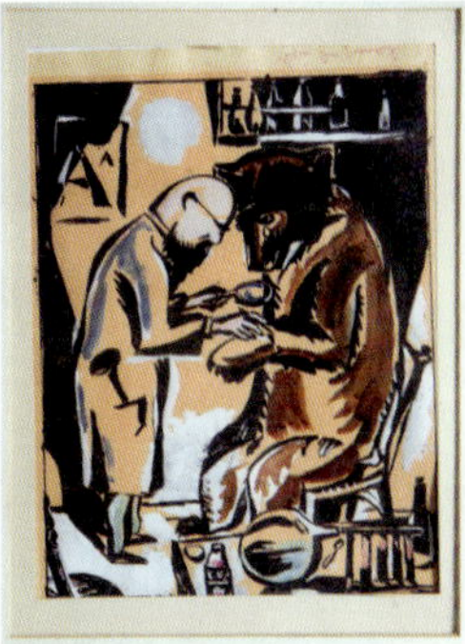

Horst Janssen

10 BURG RAVENSBERG

SEHENSWERT

Forst- und Gasthaus
Das zentral auf der Burganlage gelegene alte Forsthaus wurde 1868 erbaut und beherbergt heute das Restaurant Burg Ravensberg.
Im Sommer ist die sonnige Außenterrasse mit einmaliger Aussicht zu empfehlen, im Winter der Gastraum mit seinem gemütlichen Kachelofen.

■ Informationen
Tel. 05425 / 932 99 23

Hoch oben auf einer Bergkuppe des Teutoburger Waldes lugt ein mächtiger Turm hinter dichten Bäumen hervor. Wer bis an die dicken Sandsteinmauern heraufsteigt, der erkennt den Wehrturm mit seinen 30 Zinnen und der alten Ringmauer. Das beeindruckende Bauwerk aus dem hohen Mittelalter ist die Ravensburg im Ravensberger Land.

Hier wurde gestritten, gekämpft und erobert: Die Burg Ravensberg, kurz auch Ravensburg genannt, wurde vermutlich um die Wende vom 11. zum 12. Jahrhundert unter den Grafen von Calvelage erbaut, die sich später Grafen von Ravensberg nannten. Doch nicht etwa der Ansturm von Feinden, sondern der Befehl von Friedrich Wilhelm I. brachte die Burg zum „Einsturz". Er ließ 1733 alle Gebäude abreißen, ausgenommen den Wehrturm, der bis 1830 als Gefängnis genutzt wurde. Stehen blieben auch große Teile der

mächtigen Ringmauern und der Brunnen. Dieser ist mit einer Tiefe von über 100 Metern der einzige komplett erhaltene Brunnen Deutschlands aus dem Hochmittelalter.
100 Jahre später wurde die Burganlage unter der Leitung von Karl-Friedrich Schinkel restauriert und ein Forsthaus neben den Turm gebaut. Danach geriet die Burg wieder in Vergessenheit und drohte – trotz der Erkenntnis, dass sie ein wichtiges historisches Denkmal für die ganze Region ist – zu verfallen.
Als letzten Ausweg plante der Eigentümer, das Land Nordrhein-Westfalen, die Burg als Immobilie an einen privaten Investor zu verkaufen. Doch das wollten die Bürger aus Borgholzhausen und Umgebung um jeden Preis verhindern. Sie starteten einen „Rettungsfeldzug" für den Erhalt der Ravensburg. Es gelang, beträchtliche Spendensummen zusammenzutragen und erfolgreich eine „Stiftung Burg Ravensberg" für die Zukunft des Denkmals ins Leben zu rufen.
Mit vielen spontanen Ideen sammelten die Menschen der Region Geld für „ihre" Burg. Freiwil-

Informationen

Burg Ravensberg
Burg Ravensberg 1
33829 Borgholzhausen
Tel. 05425 / 76 00
www.burg-ravensberg.de
www.stiftung-burg-ravensberg.de
Die Parkplätze liegen 600 Meter unterhalb der Burg.

Kinder

- Kindergeburtstage
- Klassenfeiern
- Unterrichtsprogramme

■ Die NRW-Stiftung gründete die Stiftung Burg Ravensberg mit, half bei der Restaurierung des Forst- und Gasthauses, richtete ein „Grünes Klassenzimmer" ein und legte eine Allee an.

lige haben außerdem Graben und Hänge rund um die Burg freigeräumt, damit die Besucher wieder ungehindert bis zu den Zinnen vordringen können.

Burg Ravensberg hat sich dank des großen Engagements von einer fast vergessenen Ruine zu einem beliebten Ausflugsziel gemausert. Und der tolle Blick von der Aussichtsplattform über das Ravensberger Land ist der beste Beweis, dass sich der Einsatz für das historische Denkmal auf jeden Fall gelohnt hat.

Für Schüler gibt es seit einigen Jahren ein weiteres Argument, die Burg zu besuchen. Am Fuß des Denkmals entstand ein „Grünes Klassenzimmer", das in einem überdachten Außenbereich Platz für bis zu 150 Personen bietet – ideal für Klassenausflüge ins Ravensburger Land!

Die Plattform oben im Turm ermöglicht einen faszinierenden Ausblick in das Ravensburger Land.

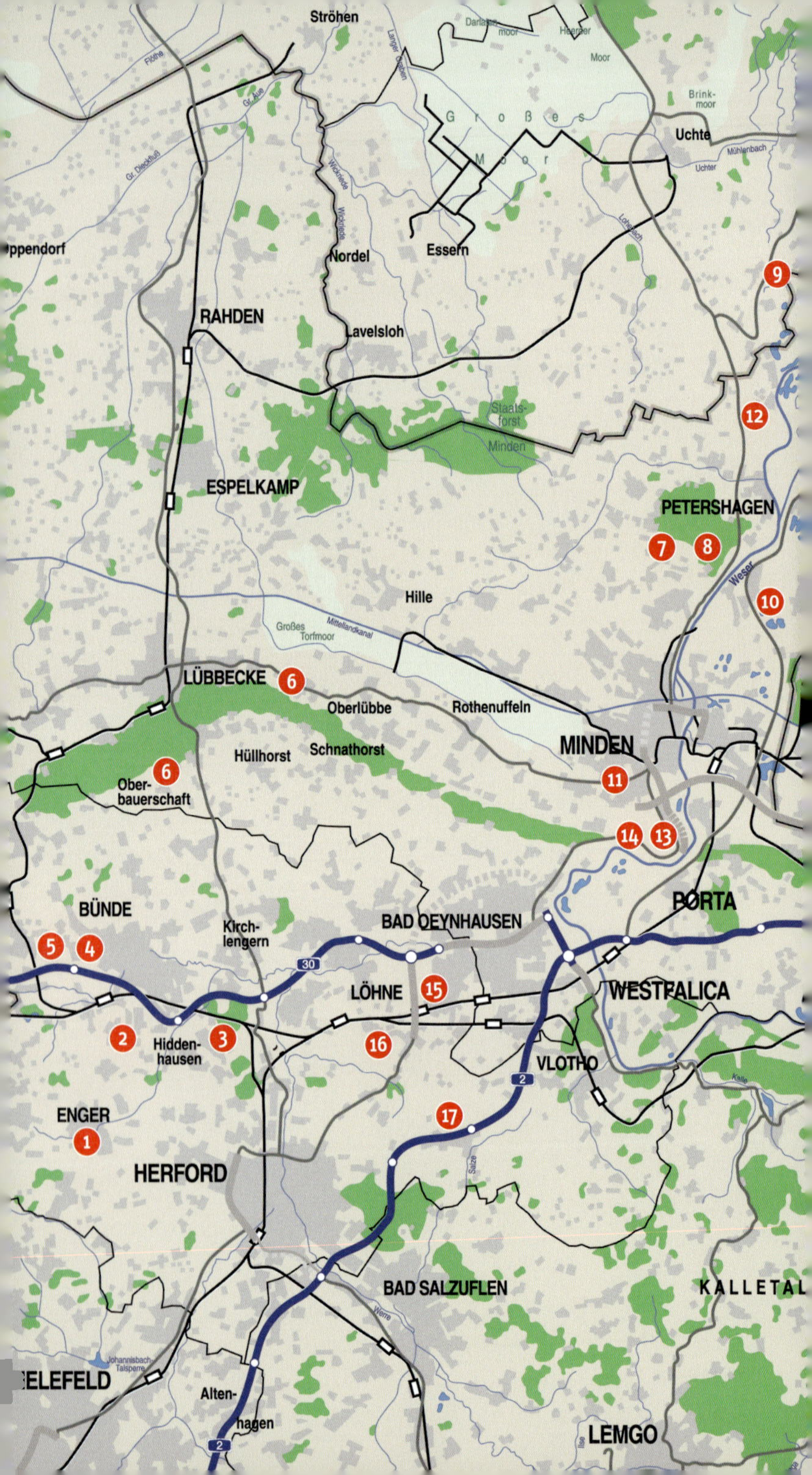
Ströhen
Darlaten moor
Heeder Moor
Langer Graben
Flöthe
Gr. Aue
Brink-moor
Uchte
Mühlenbach
Uchter
G r o ß e s M o o r
Gr. Dieckfluß
Wickriede
Lohe bach
ppendorf
Nordel
Essern
9
RAHDEN
Lavelsloh
12
Staats-forst
Minden
ESPELKAMP
PETERSHAGEN
7
8
Weser
10
Hille
Großes Torfmoor
Mittellandkanal
LÜBBECKE
6
Oberlübbe
Rothenuffeln
MINDEN
Hüllhorst
Schnathorst
6
Ober-bauerschaft
11
14
13
BÜNDE
Kirch-lengern
BAD OEYNHAUSEN
PORTA
5
4
30
LÖHNE
15
WESTFALICA
2
Hidden-hausen
3
16
VLOTHO
2
Kalle
ENGER
17
1
Salze
HERFORD
BAD SALZUFLEN
KALLETAL
Werre
Johannisbach Talsperre
ELEFELD
Alten-hagen
LEMGO
2

RUND UM HERFORD

MITTELALTER TRIFFT MODERNE

Zwischen Teutoburger Wald und Wiehengebirge, dort wo Werre und Aa zusammenfließen, liegt Herford, eine der ältesten Städte Westfalens. Das Mündungsgebiet war seit der Jungsteinzeit ein Siedlungsplatz. Mittelalterliche Kirchen und historische Gebäude wie das Frühherrenhaus mit seinem Renaissance-Portal oder das prächtige Wulfert-Haus am Neuen Markt sind Zeugen der wechselhaften Geschichte der über 1200 Jahre alten Hansestadt, die mit der Gründung des ersten Frauenklosters in Sachsen um 789 beginnt. „Mittelalter trifft Moderne" – was sich hinter diesem städtischen Slogan verbirgt, wird bei einem Rundgang durch die Stadt, die übrigens eine der längsten Einkaufs-Fußgängerzonen Deutschlands besitzt, schnell deutlich. Hier die spätromanische Architektur der Münsterkirche aus dem 13. Jahrhundert, dort die Abschaffung des

Bild oben:
Stararchitekt Frank Gehry schuf in Herford das MARTa, das Museum für zeitgenössische Kunst, Architektur und Design.

rechten Winkels: Das MARTa ist der aufsehenerregendste Bau Herfords, wenn nicht sogar der ganzen Region. Das 2005 eröffnete Museum für zeitgenössische Kunst, Architektur und Design wurde von Stararchitekt Frank Gehry als Symbol für den Veränderungswillen und die Weltoffenheit der Stadt entworfen. Gehry, der auch das weltberühmte Guggenheim-Museum in Bilbao kreierte, schuf ein fantasievolles Gebäude aus rotem Klinkerstein und Edelstahl mit geschwungenen Formen ohne rechten Winkel.

Auch im Kanu lässt sich auf einem der zahlreichen Wasserläufe das Wittekindsland rund um die Stadt Herford (unten) erleben.

Als Kreisstadt ist Herford das kulturelle, wirtschaftliche und politische Zentrum der Region, den Titel der „heimlichen Hauptstadt" allerdings beansprucht das benachbarte Enger für sich. Denn nirgendwo sonst wird die Erinnerung an jene historische Figur, die der ganzen Region ihren Namen gab, so gepflegt wie in Enger: Wittekindsland nennt sich jener Landstrich zwischen dem Wiehengebirge im Norden, der Weser und dem Weserbergland im Osten und dem Teutoburger Wald im Südwesten. Und eben dieser Wittekind oder Widukind, jener von Mythen umwobene Sachsenführer, der als erbitterter Widersacher Karls des Großen in die Geschichte einging, soll der Sage nach in Enger eine Kirche gegründet haben. Das Gotteshaus

Herford wurde um 789 gegründet. Heute ist die Stadt das Zentrum der Region.

stammt zwar in seiner heutigen Form aus dem 14. Jahrhundert, Vorgängerbauten an gleicher Stelle aus Widukinds Zeiten um das Jahr 800 sind aber nachweisbar. Auch drei 1200 Jahre alte Gräber wurden entdeckt. Die Engerer sind überzeugt, dass es sich bei dem Grab in der Mitte um die letzte Ruhestätte Widukinds handelt. Selbst wenn viele Fragen nach Herkunft und Tod des berühmten sächsischen Adeligen noch ungeklärt sind, lohnt sich ein Besuch des Widukind-Museums, das sich den Sachsenkriegen und der Eingliederung Sachsens in das fränkische Reich widmet.

In anderen Museen kann man ebenfalls viel über die Geschichte der Region erfahren: Beim Besuch der 400 Jahre alten Rürupsmühle in Löhne lernen Besucher, wie in vorindustrieller Zeit Brot hergestellt wurde. An Betriebstagen erleben Gäste, wie aus Korn das Brot entsteht – und lassen sich das Ergebnis gleich an Ort und Stelle schmecken. Ähnliche Geschmacksproben müssen im Deutschen Tabakmuseum von Bünde unterbleiben – Rauchen verboten! Die Ausstellung erinnert an einen der wichtigsten Industriezweige der Region. Im 19. Jahrhundert war Bünde ein Zentrum der deutschen Tabakindustrie.

Der Giebel des Neustädter Rathauses in Herford ist Symbol des Bürgerstolzes und Wohlstands der alten Hansestadt.

Statt des blauen Dunstes ist heute Gesundheit ein wichtiger Wirtschaftszweig. Nördlich von Bünde liegt am Fuße des Wiehengebirges der Erholungsort Randringhausen mit der einzigen staatlich anerkannten Jod-Schwefel-Quelle in Nordrhein-Westfalen. Das benachbarte Bad Oeynhausen mit seinem historischen Kurpark und den gründerzeitlichen Kuranlagen gehört zu den bekanntesten Heilbädern des Landes.

Gerben war einst reine Handarbeit. Der Förderverein Gerbereimuseum Enger e. V. lässt dieses Handwerk wieder aufleben.

1 GERBEREI SASSE

In der historischen Gerberei Sasse können sich Besucher im wahrsten Sinne des Wortes an die Arbeit der Lederherstellung herantasten und sich auf die Spur der Geschichte der Gerberei in Enger begeben. Die damals eingesetzten Maschinen, eingespielte Geräusche und Ausstellungsstücke zum Anfassen erinnern eindrucksvoll an die Arbeitswelt der Zunft.

Über 250 Jahre war die Gerberei ein Familienbetrieb gewesen, als Heinrich Sasse sein Traditionshaus im Jahre 1995 endgültig schloss. Lange sollte die Arbeit auf dem Gelände jedoch nicht ruhen: Bereits kurze Zeit später gründete sich der Förderverein „Gerbereimuseum Enger e. V.". Seine Mitglieder setzten die alten Maschinen wieder instand und richteten im Gebäude ein Museum zur Arbeitswelt des schon fast ausgestorbenen Handwerkszweiges ein. Seit 1998 sorgt der Verein für den Erhalt des technischen Denkmals am Ufer des Bolldammbaches.

Das Gerbergewerbe war ursprünglich eine reine Handarbeit. Zuerst enthaarten Arbeiter die Felle

Informationen

Gerbereimuseum Enger
Hasenpatt 4
32130 Enger
Tel. 05224 / 97 79 70
www.enger.de/besucher/gerberei.html

Öffnungszeiten:
Mi-Sa 15-18 Uhr
So/Fei 10-12 & 14-18 Uhr

Kinder

www.nrw-entdecken.de

in Fässern voller Pottasche, entfleischten sie von Hand und weichten sie dann mithilfe von Tannin ein, um sie später aufzuspannen und trocknen zu lassen. Der Weg von der rohen Tierhaut zu feinem Handschuhleder oder zu Pferdegeschirr war lang und beschwerlich: Bis zu zwei Jahre konnte es dauern, bis das Produkt fertig war. Ab 1938 setzte Familie Sasse verschiedene Maschinen zur Arbeitserleichterung ein und verwendete das Chromgerbverfahren, das den Prozess der Lederherstellung wesentlich verkürzte: Mit Hilfe von Entfleisch- und Pressmaschinen dauerte es nun nur noch drei Wochen, bis das Leder fertig war.
Besucher können in der Gerberei heute die vielen Arbeitsschritte, die zur Herstellung von Leder nötig waren, mitverfolgen. Die restaurierten Maschinen und nicht zuletzt die authentische Geräuschkulisse vermitteln ein lebhaftes Bild der historischen Werkstatt. Wer nicht nur hören will, darf auch fühlen: Lederstücke zum Anfassen zeigen die verschiedenen Farben, Qualitäten und Prägungen der verarbeiteten Tierhäute. Das Museum informiert über den eigentlichen Arbeitsprozess des Gerbens hinaus auch über die Geschichte der Gerberei Sasse und deren besondere Bedeutung für die Gewerbegeschichte der Stadt Enger.

Die NRW-Stiftung half bei der Enrichtung des Gerbereimuseums Sasse in Enger.

SEHENSWERT

Widukind-Museum
Das Widukind-Museum in Enger spürt dem Mythos Widukind und der Geschichte des sächsischen Adeligen nach, der als Anführer der Sachsen die Aufstände gegen die Franken organisiert haben soll. Die Ausstellung ist als Rundgang angelegt und wird multimedial unterstützt. Es gibt kindgerechte Führungen und Sonderausstellungen.

Informationen
www.widukind-museum.de

In Fässern voll Pottasche lösten sich die Haare vom Fell.

2 HOLZHANDWERKSMUSEUM

Der Duft von frisch gesägtem Holz liegt über der Tischlerwerkstatt. Knarrend setzt sich der alte Holzbohrer in Bewegung. Das Geräusch vermischt sich mit dem Schaben einer Raspel. In alle Richtungen fliegen die Späne, wenn der Tischler den Hobel kraftvoll über das Holzbrett schwingt.

Im Holzhandwerksmuseum Hiddenhausen hat der pensionierte Beamte Heinrich Möhlmann (1925–2008) eine einzigartige Werkzeugsammlung zusammen getragen, denn Holz war seine Leidenschaft schon seit Kindertagen. Irgend-

wann begann er zusammen mit seinen Freunden Walter Gralki und Werner Siekmann, alte Werkzeuge und Maschinen für die Holzbearbeitung zu sammeln. Bei Tischlereien und Werkstätten fragten sie nach, bald häuften sich immer mehr Gerätschaften an. 1995 gründeten sie den „Förderverein für das Holzhandwerksmuseum im Kreis Herford e.V.", der das Museum ehrenamtlich führt. Endlich stießen die Holzliebhaber auf die passenden Gebäude – zwei als Zehntscheunen in den Jahren 1723 und 1742 erbaute Fachwerkhäuser – in der denkmalgeschützten Gutsanlage von Consbruch in Hiddenhausen. Mit erheblichem Aufwand restaurierten sie mit

Das Holzhandwerksmuseum Hiddenhausen wurde mithilfe der NRW-Stiftung restauriert und eingerichtet.

weiteren Mitstreitern die Gebäude, um sie als Museum zu nutzen. 1997 wurde der Traum vom ersten Holzhandwerksmuseum in Ostwestfalen/Lippe Wirklichkeit.

Dabei hat dieser Handwerkszweig hier Tradition. Seit weit über 150 Jahren ist der Kreis Herford ein bedeutender Schwerpunkt der Holzwirtschaft. Die heutige Möbelindustrie ist aus den kleinen Holzverarbeitungsbetrieben, den so genannten „Möbelbuden", entstanden. Die Vereinsmitglieder sind froh, dass dieses Gewerbe im Ravensberger Land nicht in Vergessenheit gerät. Inzwischen umfasst die Sammlung mehr als 1500 Objekte: Hobel, Sägen, Bohrer, Zirkel, Winkel, Stecheisen und Maschinen – alles, was die Handwerksmeister einst so brauchten. Gesammelt werden allerdings nur Dinge, die vor 1955 in den Werkstätten zum Einsatz kamen.

Ein besonderes Schmuckstück des Museums ist die Tischlerwerkstatt. Hier scheint die Zeit stehengeblieben zu sein: Spinnweben, Staub und Holzspäne gehören selbstverständlich mit zum Inventar. „Der Staubsauger muss draußen blei-

Walter Gralke, Heinrich Möhlmann (✝2008) und Werner Siekmann gründeten das Museum, das heute in einem Teil von Gut Hiddenhausen untergebracht ist.

ben!", warnte seinerzeit Heinrich Möhlmann vor übereifriger Reinigungslust, und so ist es bis heute geblieben.

Die Mitglieder des Vereins Holzhandwerksmuseum zeigen den Besuchern, wie beim Hobeln die Späne fliegen. Auch die Besucher können den Werkstoff Holz mit geeigneten Gerätschaften bearbeiten. Vor allem Kinder sind begeistert vom Museum, zumal sie selbst Hand anlegen dürfen und in passender Umgebung unter Anleitung sägen, hobeln, schleifen und bohren, was das Zeug hält.

Eine Besonderheit ist das funktionstüchtige Horizontalsägegatter aus den Jahren um 1895. Hier kann anschaulich demonstriert werden, wie früher aus Baumstämmen Bretter und Bohlen geschnitten wurden. Auch Kinder werden von den Mitarbeitern behutsam an die Bearbeitung des Werkstoffes Holz herangeführt. Je nach Jahreszeit, Alter und Wunsch wird hier mit ihnen gebastelt. Auf dem Programm stehen kleine Segelschiffchen, Nistkästen, Schmetterlingshäuser, Holzeisenbahnen, Propellerflugzeuge und Laternen.

Informationen

Holzhandwerksmuseum Hiddenhausen
Maschstraße 16
32120 Hiddenhausen
Tel. 05223 / 84 882
Tel. 05225 / 84 259
www.holzhandwerks-museum.de

Öffnungszeiten:
April bis Dezember:
So 14–17 Uhr, Gruppen nach Vereinbarung.

Kinder

- Kindergeburtstage

3 MUSEUMSSCHULE HIDDENHAUSEN

Informationen
Museumsschule
Blumenstraße 60
32120 Hiddenhausen-Schweicheln-Bermbeck
Tel. 05221 / 96 43 52
Führungen:
Tel. 05221 / 96 43 52
www.museumsschule.de

Öffnungszeiten:
Jeden 1. Sonntag im Monat (April bis Oktober)
14-17 Uhr

Die NRW-Stiftung half bei der Restaurierung und Einrichtung der Museumsschule Hiddenhausen.

Das Fachwerkgebäude und die Möbel im Klassenraum stammen aus der Zeit um 1850. Strom und Zentralheizung gibt es nicht, stattdessen sorgt der Kanonenofen im Flur für Wärme. Kleinigkeiten wie die ledernen Tornister, Fibeln oder alte Zeugnisse sorgen bei den Besuchern für das Gefühl, eine Zeitreise in die Schulzeit der Urgroßeltern unternommen zu haben. In einer Zeit, als der Lehrer eine besonders hoch geachtete und manchmal auch gefürchtete Persönlichkeit im Dorf war.
Wilhelm Busch hat mit seinem „Lehrer Lämpel" in der Bildergeschichte „Max und Moritz" ein berühmtes Beispiel dafür geschaffen. Vom Dichter Busch übernahm auch der Trägerverein der Museumsschule sein Motto: „Nicht allein in Rechnungssachen soll der Mensch sich Mühe machen, sondern auch der Weisheit Lehren muss man mit Vergnügen hören." Der Verein organisiert heute Führungen, die Hiddenhausener Lehrer ehrenamtlich anbieten.

4 MUSEUMSINSEL BÜNDE

Das Tabakmuseum erinnert an Zeiten, als jede dritte Zigarre im Handel aus Bünde kam.

Das Museum Bünde liegt auf der so genannten Museumsinsel Bünde. Die Museumsinsel besteht aus verschiedenen Fachwerkhäusern und dem 1999 erbauten Dobergmuseum. In den Fachwerkhäusern sind das Deutsche Tabak- und Zigarrenmuseum und das Heimatmuseum untergebracht. Der Vorgarten des Museums ist einem typisch westfälischen Bauerngarten nachempfunden.

Das Deutsche Tabak- und Zigarrenmuseum wurde 1937 im Hauptgebäude des Striedickschen Hofs eröffnet, wo bis 1930 noch Zigarren hergestellt wurden. Hier erhält der Besucher einen Einblick in die Geschichte der Zigarre und der Zigarrenindustrie, die in der Region eine große Rolle spielte. Bünde galt als eines der Zentren der Tabakverarbeitung und ist auch heute noch als „Zigarrenstadt“ bekannt. In der neuen Dauerausstellung zur Kulturgeschichte des Tabaks – diese wurde im Jahr 2010 eröffnet – werden neben Informationen zur Tabakverarbeitung und Zigarrenherstellung auch andere interessante Aspekte des Tabakkonsums berücksichtigt: Wie kam der Tabak nach Europa? Wa-

■ Die NRW-Stiftung beteiligte sich bei der Errichtung des Dobergmuseums in Bünde.

Skelett einer Seekuh im Doberg-Museum.

Im Hurlbrinkschen Haus gibt es auch eine Schusterwerkstatt und einen Krämerladen.

rum wurde das Rauchen populär – und wie hat sich diese Popularität im Laufe der Zeit entwickelt? Welche Rolle spielte dabei die Werbung – und was hat sich verändert, seitdem es eine zunehmende Sensibilität hinsichtlich der gesundheitsschädigenden Wirkung des Tabaks gibt? Die Ausstellung gibt umfassend Auskunft zu diesen Themen. Als Außenstelle – vorrangig als Magazin – des Tabakmuseums fungiert der Tabakspeicher nahe dem Bahnhof Bünde; er dient zugleich aber heute auch wieder als Tabaklager für die ortsansässige Zigarrenfabrik André. Das Heimatmuseum ist im Hurlbrinkschen Haus und im Spieker untergebracht. Die heimatkundliche Dauerausstellung setzt sich mit der Lebens- und Arbeitssituation im Ravensberger Land auseinander. Historische Dokumente und Exponate geben einen Einblick in den Alltag vergangener Zeiten – so können Besucher u.a. einen vollständig erhaltenen und original eingerichteten Kaufmannsladen aus der ersten Hälfte des 20. Jahrhunderts besichtigen. Der benachbarte „Spieker" beherbergt einen Sonderbereich des Heimatmuseums, der sich mit Flachsverarbeitung und Leinenherstellung befasst. Zur

Informationen

Dobergmuseum
Geologisches Museum
Ostwestfalen-Lippe
Fünfhausenstraße 8–12
32257 Bünde
Tel. 05223 / 79 33 00
www.museum-buende.de

Öffnungszeiten:
Di-So 10-18 Uhr

Das Museum Bünde vereint das Dobergmuseum, das Deutsche Tabak- und Zigarrenmuseum mit der Ausstellung „Braunes Gold – Rauch, Rausch und Gefahr" sowie das Heimatmuseum „Hurlbrinksches Haus" unter einem Dach.

Museumsinsel gehört außerdem das älteste Gebäude der Stadt, das Dammhaus, eine Fachwerkscheune, die ursprünglich aus Bustedt stammt und seit einigen Jahren als Außenstelle des Standesamtes Bünde genutzt wird.

Das noch bis Ende Oktober 2011 wegen Umbau- und Sanierungsarbeiten geschlossene Dobergmuseum – Geologisches Museum Ostwestfalen Lippe ist nicht wie die anderen beiden Museen in einem historischen Gebäude untergebracht, sondern befindet sich in einem modernen Beton-Glas-Stahl-Bau auf der Museumsinsel. Die geologische Dauerausstellung zeigt vor allem Fossilienfunde aus der Region, insbesondere aus dem nahe gelegenen Doberg, der zu den umfangreichsten Fossilienlagerstätten aus der Zeit des Oligozän gehört. Besucher können sich im Dobergmuseum eigenständig an verschiedenen interaktiven Stationen über die Funde informieren und durch Beobachten und Vergleichen ein Gefühl dafür bekommen, wie Geologen arbeiten. Eines der beeindruckendsten Exponate ist sicherlich das versteinerte Skelett einer Seekuh. Aber auch Zahnwale, Riesenhaie und andere Meerestiere haben ihre Spuren im weichen Gestein des Dobergs hinterlassen.

Neben den Zeugnissen der erst ca. 30 Millionen Jahre jungen Oligozän-Zeit sind auch zahlreiche Fossilien aus dem Erdmittelalter ausgestellt. Von besonderer Bedeutung sind hier die vielfältigen Wirbeltierreste aus den Jurazeitlichen Schichten des nahe gelegenen Wiehengebirges.

SEHENSWERT

Naturerlebnispfad

Erfahrungen mit allen Sinnen vermitteln will der Naturerlebnispfad Wiehengebirge. Ausgehend vom dörflichen Siedlungsbereich der Ortschaft Rödinghausen werden auf 2,5 Kilometern Landschaft, Flora, Fauna und Geologie der Umgebung erläutert. Bislang umgesetzt wurde eine erste Schleife durch das Wiehengebirge. Hier wird Wissen über Geologie, Klima, Vegetation und die Entstehung und Bedeutung des heutigen Landschaftsbildes an schönen Ausblickspunkten über das Ravensberger Land vermittelt. Zwei weitere Schleifen sind in Arbeit. Ausgangspunkt des ersten Rundweges ist die Gaststätte Nonnenstein (Kapellenstraße) in Rödinghausen.

■ Informationen
www.herford.de

Informationen
Universum-Theater
Hauptstraße 9
32257 Bünde
Tel. 05223 / 17 88 88
www.universum.tv

Kinder
- Kinder-Kino

5 UNIVERSUM-THEATER

Der „Glöckner von Notre Dame“ flimmerte als Stummfilm über die Leinwand, als das „Universum“ in Bünde 1924 zum ersten Mal öffnete. Bis zum Beginn der 1980er-Jahre war das Kino ein beliebter Treffpunkt. Dann kam ein größeres Haus nach Bünde, und der letzte Vorhang für das „Universum“ fiel.
Seit 2001 jedoch strömt wieder Publikum in das alte Lichtspielhaus, das fest zum Bünder Stadtbild gehört. Ein Förderverein hat sich dem Erhalt

des denkmalgeschützten Gebäudes verschrieben und durch die Renovierung des „Universum"-Theaters einen Veranstaltungsort mit einmaligem Flair geschaffen. Jetzt findet in dem alten Gebäude mehr statt als Kino: Auf die Bühne kommen Musik-, Theater- und Literaturveranstaltungen.

In dem Gebäude an der Hauptstraße des Ortes gastieren zudem bekannte Varieté-, Kabarett- und Comedy-Künstler wie Erwin Grosche und Django Asül. Zugleich ist die Bühne Anlaufpunkt für Nachwuchstalente aus der Region. Das

Die NRW-Stiftung renovierte die historische Kinobestuhlung im „Universum" Bünde.

renovierte Kino bietet darüber hinaus Platz für Vorträge, Lesungen und Schauspiel.

Natürlich zeigt man in dem alten Lichtspielhaus nach wie vor Filme: Neben aktuellem Programmkino mit internationalen und deutschen Produktionen haben die Macher eine Veranstaltungsreihe „Kinder-Kino" ins Leben gerufen, um für ihr Lieblingsmedium auch die junge Generation zu begeistern. Klassiker wie die „Biene Maja" oder alte Filme von Stan Laurel und Oliver Hardy alias „Dick und Doof" rufen sicherlich auch bei so manchen Eltern Erinnerungen wach. Natürlich wird ab und zu auch ein Stummfilm aus der alten Zeit gezeigt – stilgerecht mit Klavierbegleitung.

Immer wieder stehen auch alte „Schätzchen" auf dem Spielplan des „Universum". „Nosferatu" zählt beispielsweise dazu. Der düstere Stummfilm von Friedrich Murnau führte bei seiner Uraufführung 1922 zu Tumulten in den Kinosälen – heute kaum noch vorstellbar. Wer das Flair dieser längst vergangenen Zeit hautnah erleben möchte, der ist im „Universum"-Kino richtig.

Nostalgie bis ins Detail: Bereits an der Kasse beginnt die Reise in die Kino-Vergangenheit.

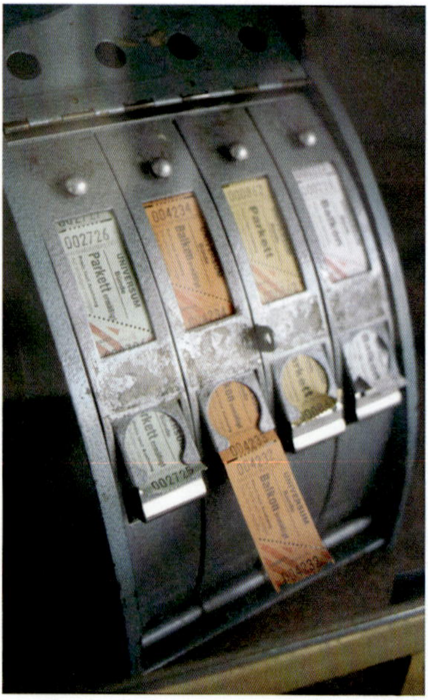

Im „Universum“ grüßen Humphrey Bogart und Ingrid Bergmann im stilvollen Ambiente.

6 FREILICHTBÜHNEN

SEHENSWERT

Barre's Brauwelt
Man schrieb das Jahr 1842, als Ernst Johann Barre in Lübbecke eine Brauerei gründete. Im ehemaligen, mittlerweile denkmalgeschützten Gär- und Lagerkeller des Hauses befindet sich seit 2001 ein Museum. „Barre's Brauwelt" liefert einen anschaulichen Blick in die Geschichte des Brauwesens im frühen 19. und 20. Jahrhundert und der Brauerei.

■ Informationen
Barre's Brauwelt
Berliner Straße 121/123
32312 Lübbecke
Tel. 05741 / 23 04 950
www.barres-brauwelt.de

Der Anspruch ist groß – und das seit Anbeginn: Seit 1923 sieht sich die Freilichtbühne Nettelstedt als „Amateurtheater mit professionellem Anspruch" und gilt damit als eines der ältesten Amateur-Freilichttheater seiner Art in Deutschland. Und das bedeutet: zwei unterschiedliche Programme pro Jahr, immer auf der großen Naturbühne am Rande des Wiehengebirges.
Bis ins Jahr 1919 lassen sich die Anfänge des Theaters zurückverfolgen: Der spätere Vorsitzende der „Freilichtspiele Spielgemeinde Nettelstedt e.V." , Karl Meyer-Spelbrink, half in jenem Jahr bei der ersten Theateraufführung der Gemeinde – zum Erntefest. Bereits vier Jahre später war die Spielgemeinde etabliert und sesshaft geworden. 1923 brachte sie das Stück „Wilhelm Tell" mit 300 Mitwirkenden auf die Bühne – oder besser: auf den „ungestaffelten Grünhang vor der zufälligen Waldkontur des Spielhügels", wie die Veranstalter die Theaterumgebung damals beschrieben.
Heute wirken von den rund 600 Mitgliedern des Vereins etwa 150 Ehrenamtliche aktiv am Geschehen mit. Regelmäßig zwischen Pfingstsonntag und Anfang September stehen die Akteure auf der Bühne. Alljährlich inszenieren die Vereinsmitglieder ein Stück für die Familie und eines speziell für Kinder, führen sie samstags und sonntags auf und ziehen damit rund 14.000 Besucher an. Selbst in den kalten Monaten, wenn die meisten Freilichtbühnen eine Pause einlegen, bleibt die „Freilichtspiele Spielgemeinde Nettelstedt e.V." aktiv. Mit einem „Winterthea-

■ **Informationen**
Freilichtbühne Nettelstedt
Hünenbrinkstr. 4
32312 Lübbecke
Tel. 05741 / 37 01 92
Tel. 05741 / 37 01 93
www.freilichtbuehne-nettelstedt.de

ter" überbrücken sie die dunkle Jahreszeit, aufgeführt im Spielerheim der Freilichtbühne vor maximal 90 Zuschauern. Auch gegen Regen ist die Bühne gefeit: Die Schauspieler sind ohnehin wetterfest, und die mit Unterstützung der NRW-Stiftung errichtete Zuschauertribüne mit knapp 1000 Plätzen ist größtenteils überdacht.

Eine weitere Freilichtbühne der Umgebung weiß durch eine Besonderheit auf sich aufmerksam zu machen: Vor alten Fachwerkbauten zwischen Bünde und Lübbecke, an einem alten Steinbruch des Ortes Oberbauerschaft ertönt das hiesige Plattdeutsch, und Musikanten in traditioneller Leinewebertracht spielen zum Tanz auf. Der ländliche Dialekt und die Heimatbräuche sind Trumpf bei der „Freilichtbühne Kahle Wart", die ausschließlich auf Plattdeutsch spielt.

Anders als bei den meisten Freilichtbühnen sind die Fachwerkhäuser, vor denen gespielt wird, keine Kulisse, sondern massive Bauten. Besonders sticht darunter das große Heimathaus hervor: ein altes Bauernhaus aus dem 19. Jahrhundert, das aus Kirchlengern „importiert" wurde und auch für Feiern genutzt wird.

Die Dekoration der Freilichtbühne Nettelstedt überzeugt durch Liebe zum Detail.

Informationen

Freilichtbühne Kahle Wart
Kahle-Wart-Str. 1, 32609
Hüllhorst-Oberbauerschaft
Tel. 05741 / 907 11
www.kahlewart.de

Karten gibt es an der Abendkasse. Eine Voranmeldung ist nur für Gruppen erforderlich.

Die Freilichtbühne Nettelstedt in Lübbecke und die Freilichtbühne „Kahle Wart" in Hüllhorst wurden bei Sanierungs- und Modernisierungsmaßnahmen unterstützt.

7 SYNAGOGE PETERSHAGEN

Petershagen liegt ganz im Nordosten Nordrhein-Westfalens, direkt an der Weser. In den insgesamt 29 Ortsteilen der Gemeinde leben zwar nur rund 25.000 Menschen, aber an Sehenswürdigkeiten mangelt es nicht. Das Petershagener oder – wie die Einheimischen sagen – Petershäger Renaissanceschloss gehört ebenso dazu wie die Glashütte Gernheim, die einen der Standorte des LWL-Industriemuseums bildet. Im Ortsteil Windheim lockt das Westfälische Storchenmuseum die Naturfreunde, in Schlüsselburg gibt es ein eindrucksvolles historisches Scheunenviertel zu erkunden, und in Heimsen steht das Heringsfängermuseum.

Unter den Petershäger Kulturdenkmälern nimmt ein kleiner Backsteinbau aus dem Jahr 1846 eine besondere Rolle ein. Es ist die alte Synagoge, die in der Nacht zum 10. November 1938 wie Hunderte andere Synagogen und mehr als 7.000 jüdische Geschäfte in Deutschland zum Ziel organisierter Zerstörung wurde. Der Innenraum der Petershäger Synagoge ist in dieser Nacht nahezu völlig verwüstet worden, die Einrichtung mit den Kultgegenständen ging bei den Plünderungen vollständig verloren. Erhalten blieben lediglich Wand- und Deckenbemalungen sowie die alten Fußbodenplatten. Das Licht fällt durch Eisensprossenfenster, die im oberen Teil farbige Verglasungen in Rautenform aufweisen. Wo früher Thoraschrein und Bima – das Pult für die Thora-Lesung – standen, ist der Boden heute optisch abgesetzt. Rauminstallationen erinnern an die besondere Funktion dieser Plätze, Vitrinen und Tafeln erläutern darüber hinaus religiöse und historische Hintergründe.

Das Gebäude entspricht dem Typus einer schlichten Landsynagoge, wie man sie im 19.

Jahrhundert häufig baute. Es ersetzte einen älteren Vorgänger aus Fachwerk, der aus dem späten 18. Jahrhundert stammte. Aber auch vorher muss es in Petershagen bereits einen Gebets- und Versammlungsraum in Form einer „Stubensynagoge" gegeben haben, denn die ersten jüdischen Einwohner sind in dem Ort schon Mitte des 16. Jahrhunderts nachweisbar. 1866 umfasste der Synagogenbezirk Petershagen 190 Personen. Nach den Zerstörungen in der Pogromnacht wurde ihr Versammlungshaus – so die eigentliche Bedeutung des Begriffs Synagoge – an nichtjüdische Inhaber verkauft. Nur wenige Gemeindemitglieder überlebten die nationalsozialistische Verfolgung.
Wegen ihrer Lage in einer dichten Ortsbebauung war die Synagoge zumindest nicht in Flammen aufgegangen und blieb dadurch in ihrer Bausub-

Informationen
Alte Synagoge
Petershagen
Goebenstraße 7,
32469 Petershagen
Tel. 05707 / 486
(Pfarrer E. Hagemeier)
Besichtigungen und Führungen nach Absprache.
www.synagoge-petershagen.de

Die Synagoge Petershagen und die zugehörige Schule wurden mithilfe der NRW-Stiftung restauriert.

Wolfgang Battermann, Pfarrer Eckhard Hagemeier und Berthold Fahrendorf-Heeren engagieren sich in der Arbeitsgemeinschaft.

Ein jüdisches Trauerritual: Bei einem Friedhofsbesuch werden Steine auf das Grab eines Verstorbenen gelegt.

stanz erhalten. Obwohl das Gebäude 1988 unter Denkmalschutz gestellt wurde, nutzte man es noch bis in die 1990er Jahre hinein als gewerblichen Lagerraum. Dann ging ab 1999 der „Trägerkreis ehemalige Synagoge Petershagen" daran, das zunehmend vom Verfall bedrohte Baudenkmal zu sanieren, um es wieder der Öffentlichkeit zugänglich zu machen und darin ein Informations- und Dokumentationszentrum für die jüdische Geschichte der Region einzurichten. Mitfinanziert wurde das Projekt durch die NRW-Stiftung. Heute ist die Alte Synagoge das wichtigste, aber nicht das einzige Zeugnis für die Geschichte des jüdischen Lebens in und um Petershagen. Erhalten geblieben ist auch die direkt angrenzende ehemalige jüdische Schule, durch die man die Synagoge früher betrat. In dem Schulgebäude befindet sich zudem die Mikwe, das rituelle Tauchbad. Eine wichtige Gedenkstätte ist darüber hinaus der Friedhof „Auf dem Judenberg".

8 ALTES GEFÄNGNIS

Platz ist in der kleinsten Zelle: In der Gemeinschaftszelle kommen sechs Besucher unter.

Wer in Petershagen eine Nacht hinter Gittern verbringt, muss nichts verbrochen haben. Wo früher Hühnerdiebe und andere Kleinkriminelle einsaßen, nächtigen Reisende heute freiwillig – und zwar im alten Gefängnis in Petershagen. Hier können Radfahrer und Wanderer auf der Durchreise, aber auch andere abenteuerlustige Gruppen einmal „Zuchthausluft" vergangener Zeiten schnuppern. Das „alte Gefängnis" bietet seinen Gästen heute allerdings angenehmere Bedingungen als sie die Gefangenen – deren in die Wände geritzte Inschriften teilweise heute noch zu lesen sind – früher erleben durften. Zwar wird jedem Besucher für den Aufenthalt in der ungewöhnlichen Herberge standesgemäße gestreifte Gefängniskleidung zur Verfügung gestellt und die Zellen sind möglichst ursprünglich erhalten worden, doch eine moderne Gasheizung hält die Räume warm und im Kellergewölbe be-

Informationen
„Gefängnis“ im „Alten Amtsgericht“
Mindener Straße 16
32469 Petershagen
Tel. 05707 / 80 01 20

Tourist-Information der Stadt Petershagen
„Altes Amtsgericht“
Mindener Straße 16
32469 Petershagen
Tel. 05707 / 900 10
www.petershagen.de

Mithilfe der NRW-Stiftung konnten einige der historischen Gefängniszellen im Alten Amtsgericht in Petershagen originalgetreu erhalten werden.

finden sich zeitgemäße sanitäre Anlagen. Vier Zellen stehen zur Übernachtung zur Verfügung – davon fungieren drei als „Doppelzimmer“; ein etwas größerer Raum kann als Mehrbettzimmer von bis zu sechs Personen bewohnt werden. Von Überfüllung wie in der Nachkriegszeit, in der zeitweise bis zu 16 Insassen in einer Zelle untergebracht waren, kann also keine Rede sein. Und auch die Verpflegung der Gefängnisbewohner ist heute sicher besser als damals: Das Frühstück und andere Mahlzeiten können in der Cafeteria in der alten Gerichtswohnung eingenommen werden.

Die neue Nutzung als preiswerte Herberge rettete das 1913 erbaute Haus vor dem Verfall. Mit Unterstützung der NRW-Stiftung konnte der Verein „Rast im Knast e.V.“ das Gebäude umbauen und renovieren. Im Vordergrund stand dabei

1
22.3
Belegung:
M. Unters.
W. „
M. Strafgefang.
W. „ „
Civilgefang.
Jugendliche Gef

immer der Denkmalschutz – der ursprüngliche Charakter des Hauses sollte erhalten bleiben. Das „alte Gefängnis“ liegt in der Petershagener Innenstadt und gehört zum palaisartig angelegten „Alten Amtsgericht“. Zu dem Gebäudekomplex gehören ein zweigeschossiges Gerichtsgebäude mit angrenzendem Richterwohnhaus, die ehemalige Gerichtsdienerwohnung und das Gefängnis; hinter hohen Mauern befindet sich der zugehörige Gefängnishof, in dem die Insassen früher zwei Mal am Tag zu einem halbstündigen „Freilauf“ gelassen wurden, bevor sie wieder „hinter Gitter“ mussten.

Das Alte Amtsgericht Petershagen wurde 1913 erbaut und ist palaisartig angelegt.

9 HERINGSFÄNGERMUSEUM

Westfälische Dörfer, die vom Heringsfang leben? Was zunächst absurd klingt, war Ende des 18. Jahrhunderts Alltag für die Kleinbauern an der Mittelweser. Um dem Elend in der Heimat zu entgehen, heuerten sie je für ein halbes Jahr auf holländischen Fangschiffen an. Im Heringsfängermuseum in Heimsen erhalten die Besucher Einblick in das entbehrungsreiche Leben zwischen rauer See und kargem Ackerboden.

In den ersten Jahrzehnten des 19. Jahrhunderts waren es Schiffe vom Typ der so genannten „Heringsbuysen“, auf denen sich Männer aus dem „Stippenland“ verdingten, dem ostwestfälischen „Zipfel“ um Petershagen. Im wirtschaftlich erfolgreichen Holland hatten sich viele Kleinbauern bereits als Grasmäher verdingt, doch die Reedereien zahlten bessere Löhne. Als 1872 die erste deutsche Heringsfischerei-Gesellschaft in Emden gegründet wurde, blühte der Handel mit den langen schlanken Fischen weiter auf.

Fortan ernährte das Meer eine ganze Region, von der es einige hundert Kilometer entfernt lag. Viele Bauernschaften entwickelten sich zu stattlichen Dörfern. Doch der wirtschaftliche Aufschwung hatte auch seine Schattenseiten:

Bis zum Jahr 1972, dem Ende der westfälischen Fischfang-Tradition, forderte das Meer einen hohen Tribut: 54 Logger – so hießen die Schiffe für den Heringsfang, die die älteren Buysen ablösten – versanken in den sturmgepeitschten Fluten der Nordsee, fast 500 Männer verloren dabei ihr Leben. Für die Familien brachte die Fischerei nicht nur die ständige

Angst um das Leben ihrer Angehörigen mit sich. Weil die Fischer bis zum Ersten Weltkrieg zwischen den Fangfahrten nicht nach Hause reisen durften, mussten die Familien über die Hälfte des Jahres in der Nähe der Ankerplätze verbringen.

In der Umgebung der tristen Hafenstädte fielen die Frauen in ihren kunstvoll bestickten Bückeburger Trachten besonders auf. Die einheimischen Küstenbewohner bezeichneten die Saisonarbeiter deshalb allesamt als „Bückeburger" – eigentlich nicht ganz korrekt. Denn nicht nur aus Westfalen, sondern auch aus Hannover und Schaumburg kamen die Heringsfänger an die Nordsee. Im Museum in Heimsen verdeutlichen historische Gewänder die unterschiedlichen Herkunftsgebiete, außerdem verraten die Trachten viel über ökonomische Voraussetzungen und Obrigkeitsverhältnisse. Die Kleidung der Stippenländer war nüchtern bis streng und zeugte von einem einfachen Leben. Die Schaumburger Tracht hingegen war farbenprächtig und steckte voller Materialvielfalt – ein deutliches Zeichen für wirtschaftliche Blüte und höfische Kultur in der Heimat. Denn die Gewänder wurden stets nach dem Vorbild der Wohlhabenden entworfen. Unabhängig von ihrer Herkunft jedoch schweißte der harte Alltag an Bord der Fischkutter die Heringsfänger zusammen. Hier trugen alle das typische Ölzeug und kämpften in Wind und Wetter um einen guten Fang.

Informationen
Heimat- und Heringsfängermuseum Heimsen
Am Mühlenbach 9
32469 Petershagen
Tel. 05768 / 94 18 55
www.heringsfaenger museum.de

Die NRW-Stiftung unterstützte die Einrichtung des Heringsfängermuseums in Petershagen-Heimsen.

10 MÜHLENBAUHOF

Mühlen haftet stets ein Gefühl der Nostalgie an. Sie sind ein Relikt vergangener Tage, in denen den Menschen ausschließlich Wind, Wasser oder die Muskelkraft von Mensch und Tier bei der Verarbeitung des Getreides zu Diensten standen. Ein Stück Alltags- und Technikgeschichte, das nirgendwo so lebendig wird wie in Petershagen. Dank des „Mühlenvereins im Kreis Minden-Lübbecke e.V." ist die Gemeinde zum Zentrum des Mühlenwesens geworden.

Der Verein betreut in Zusammenarbeit mit Mühlengruppen vor Ort alle 43 restaurierten Windmühlen des Kreises. Die um 1860 erbaute Holländermühle im Ortsteil Großenheerse beispielsweise wird als Schulungsobjekt für Müllerkurse genutzt, das Dachgeschoss des nebenliegenden Müllerhauses wurde als Übernachtungsmöglichkeit für Kursteilnehmer ausgebaut. Ein Café bietet Besuchern eine gemütliche Möglichkeit zur Rast.

In Petershagen-Frille wurde zudem auf einem alten Bauernhof der „Mühlenbauhof" eingerichtet, der neben einer Werkstatt, einem Tagungszentrum und einem Mühleninformationszentrum nebst Museum auch die Geschäftsstelle der „Deutschen Gesellschaft für Mühlenkunde und

SEHENSWERT

Webstube Ilse

Das alte heimische Handwerk Weben neu beleben will die „Webgmeinschaft Ilse" – und hat für dieses Ansinnen in Petershagen den perfekten Ort gefunden: die „Webstube Ilse" im Hause Nahrwold. Hier widmet man sich alten Mustern, neuen Techniken und gibt Besuchern einen Einblick in jene Kunst, die einst Alltag war.

■ Informationen
Webstube Ilse
Ilser Postweg 8
32469 Petershagen
www.webstube-ilse.de
Webvorführungen:
März bis November:
2. So/Monat 14-17 Uhr
Mi 20-22 Uhr

Mühlenerhaltung e.V.", des Dachverbands der deutschen Mühlenvereine, beherbergt.

Ende der 1980er-Jahre hatte der Kreis Minden-Lübbecke dem Mühlenverein den idyllischen Bauernhof in Frille zur Verfügung gestellt. Die Mitglieder restaurierten das Anwesen aus dem 17. oder 18. Jahrhundert und bauten es aus, um nach wie vor aktiv an der Zukunft der Mühlenkultur arbeiten zu können. In der gut ausgestatteten Werkstatt des „Mühlenbauhofs" werden nicht nur die Mühlen im Kreis restauriert und bei Bedarf ganze Mühlenflügel hergestellt. Aus ganz Deutschland kommen mittlerweile Anfragen zu bestimmten Reparaturen.

Die multimediale Ausstellung des Museums bietet Mühlentechnik zum Anfassen und illustriert die Geschichte und Vielfalt der Mühlen. In einer Heimatstube wird außerdem die Lebensweise der Müller im Wandel der Zeit dargestellt. Durch sie wird deutlich, welche Bedeutung die Mühlen stets für das Überleben, aber auch für den Wohlstand der Menschen hatten. Kernstück des Museums sind die vom Verein selbst angefertigten Funktionsmodelle, an denen die Arbeitsweise und der Aufbau der Mühlen veranschaulicht werden.

Vor allem bei der Restaurierung des Müllerhauses, an die hohe Auflagen im Sinne des Denkmalschutzes geknüpft waren, unterstützte die NRW-Stiftung den Verein maßgeblich. Und auch 2005 war die Stiftung wieder dabei, als es um die Einrichtung eines Infocenters im Schulungszentrum für Hobby-Müller ging.

Informationen

Mühlenbauhof und Mühlen-Informationszentrum
Schwarzer Weg 2
32469 Petershagen-Frille
Tel. 05702 / 26 94
www.muehlenverein-minden-luebbecke.de

Öffnungszeiten:
Mo-Do 11-16 Uhr
Sa/So 11-17 Uhr
Gruppen und Führungen nach Vereinbarung

Die NRW-Stiftung half bei der Erweiterung und dem Ausbau des Mühlenbauhofs Petershagen sowie bei der Einrichtung einer Ausstellung zum Mühlenwesen.

Wie Mühlen funktionieren, zeigen Modelle des Vereins.

11 MUSEUMSEISENBAHN MINDEN

Mit viel Liebe zum Detail werden in Minden die Muster alter Tapeten in Waggons rekonstruiert, Gepäcknetze mühsam neu geknotet und sogar ganze Züge aufpoliert. Die Mitglieder des Vereins Museums-Eisenbahn Minden e.V. restaurieren alte Schätzchen, bis sie wieder auf eigenen Rädern auf den Schienen rollen.

1977 begann der Verein der Liebhaber historischer Eisenbahnen damit, Dampflokomotiven und historische Wagen zu sammeln. Dabei wurde Wert darauf gelegt, kleinbahntypische Fahrzeuge zu erwerben, denn man war auf den Strecken der Mindener Kreisbahnen (heute nach Kleinenbremen und Hille) unterwegs; auf den Bundesbahnstrecken herrschte seinerzeit ein Dampflokverbot. In einer zweiten Phase gab der Verein sich ein neues Ziel, das gleichzeitig die Fahrzeugsammlung neu strukturierte. Am Endpunkt der einstigen Cöln-Mindener Eisenbahn sollte ein preußischer Nebenbahnzug entstehen. Zwei Dampfloks der preußischen Gattungen T 11 und T 13 waren vorhanden, und nach und nach wurden in aufwendigen Restaurationsarbeiten mittlerweile zehn Waggons des Preußenzuges fertiggestellt. Umfangreiche Recherchen, zum Beispiel im Verkehrsmuseum Nürnberg, waren nötig, um diesen stilreinen Zug zu schaffen, der einmalig in der gesamten Bundesrepublik ist und die Eisenbahnepoche 1 – Zeit des Kaiserreiches, vor dem Ersten Weltkrieg – vertritt. Auffällig, aber historisch korrekt ist das bunte Erscheinungsbild des Preußenzuges, denn jede Wagenklasse hatte eine andere Farbe.

Informationen

Museums-Eisenbahn Minden, Ringstr. 115
32427 Minden
Tel. 0571 / 583 00
Tel. 0571 / 58 03 37
www.museumseisenbahn-minden.de

Die NRW-Stiftung half dem Museumsverein bei der Instandsetzung von Lokomotiven und Reisewaggons.

12 ALTES STORCHENLAND

Früher gehörte das Klappern der Störche in Petershagen zum Dorfalltag, doch intensiv betriebene Landwirtschaft schränkte die Lebensräume der Vögel immer weiter ein. Nur noch selten ließen sich die sympathischen Tiere auf Dachfirsten zum Brüten nieder. Aber in Petershagen wagten sich die Mitglieder des Aktionskomitees „Rettet die Weißstörche im Kreis Minden-Lübbecke" hoch hinaus – mit Erfolg. Ihnen ist es zu verdanken, dass sich mittlerweile 30 Brutpaare in der Gegend niedergelassen haben.

Gerade noch vier wild lebende Weißstorch-Paare gab es 1988 in Nordrhein-Westfalen. Um den Tieren auf Dauer eine Lebenschance zu geben, kümmert sich das Aktionskomitee seit Mitte der 1980er-Jahre um die Zugvögel. Keine Angst vor schwindelnder Höhe ist die Grundvoraussetzung für diese Aufgabe. Bevor die Störche im April aus Afrika zurückkehren, montieren die Storchenfreunde neu gebaute Nisthilfen auf Masten und Dächern. Bestehende Horste testen sie auf Stabilität und entfernen gefährlichen Abfall. Alfons Bense, ehrenamtlicher „Storchenvater" im Kreis Minden-Lübbecke, erklärt, warum dieser „Hausputz" so wichtig ist: „Nicht, weil wir den Störchen das Baumaterial vorschreiben, sondern weil Müll tödlich sein kann. Ein Stück Plastikplane an der falschen Stelle, und die Jungen sitzen nach einem Regenschauer bis zum Bauch im Wasser, dann sterben sie an Unterkühlung." Doch dem Nachwuchs drohen auch noch andere Gefahren. Drei von vier Vögeln kehren von ihrer ersten großen Reise ins Winterquartier nicht zurück, und schon die ersten Flugstunden sind ein Risiko. Die Jungvögel müssen erst lernen, wann man das „Fahrgestell" ausfährt, wie man auch bei böigem Wind eine Punktlandung schafft oder schlecht erkennbaren Hindernissen ausweicht. Hochspannungsdrähte etwa sind im ererbten Storchenweltbild nicht vorhanden. Am wichtigsten für das Überleben der Tiere ist jedoch das Nahrungsangebot – Wagenräder auf

Informationen

Aktionskomitee „Rettet die Weißstörche im Kreis Minden-Lübbecke e.V."
Portastraße 13
32423 Minden
Tel. 0571 / 80 72 34 5
www.stoerche-minden-luebbecke.de

Storchenmuseum:
Haus Windheim No. 2
Im Grund 4,
32469 Petershagen
Tel. 05705 / 95 85 80
Tel. 05705 / 14 46 43

Öffnungszeiten:
Mi–Fr 14–18 Uhr und
Sa/So 11-18 Uhr
(im Februar geschlossen).

Kinder

www.nrw-entdecken.de

Seit 1986 engagiert sich die NRW-Stiftung für den Schutz der frei lebenden Weißstörche in Minden-Lübbecke und hat an Weser und Bastau große Feuchtwiesenareale erworben. Zudem finanzierte die NRW-Stiftung den Ankauf eines 300 Jahre alten Fachwerkhauses in Petershagen-Windheim, in dem heute ein Storchenmuseum untergebracht ist.

Bauernhäusern und Holzmasten sind nämlich nur ein kleines Mosaiksteinchen bei der Rettung der Störche. Wo dieser Schreitvogel zu Hause ist, müssen pro Horst etwa 200 Hektar Feuchtland zur Verfügung stehen, auf dem sich reiche Beute machen lässt: Regenwürmer, Grasfrösche, Wühlmäuse und Heuschrecken. Wild lebende Störche sind daher ein Indikator für intakte Naturräume: „Wo sie nicht überleben können, fehlen nicht einfach Störche, sondern die ganze Umwelt ist krank", stellt Bense klar. Um den genauen Überblick über den Storchenbestand zu gewinnen, registrieren die Mitglieder des Aktionskomitees auch sämtliche Jungstörche. Bevor der Nachwuchs flügge wird, bekommt er seinen Ring. Nicht zu früh, sonst rutscht das Metallstück über die noch dünnen Beinchen. Fünf Wochen alt ist gerade richtig, dann fallen die Jungen noch reflexartig in eine Starre und lassen den „Hausbesuch" regungslos über sich ergehen. Schon zehn Tage später würden sie wahrscheinlich in Panik aus dem Nest springen und sich verletzen. Die Ringe gleichen

Big Brother im Storchenland: Auf dem Amtsgericht in Petershagen überträgt eine Kamera Bilder aus dem Storchennest.

Der natürliche Lebensraum der Störche: Feuchtwiesen in der Weseraue.

mittlerweile einem Reisepass und können problemlos mit dem Fernglas abgelesen werden. Sogar eine E-Mail-Adresse steht darauf. „Wir sind das Einwohnermeldeamt für die Störche und können ihre individuelle Geschichte verfolgen", erklärt Alfons Bense.

Und auch alle Menschen mit Internetzugang haben die Möglichkeit, am Storchenleben teilzunehmen: Auf dem Amtsgericht in Petershagen ist eine Videokamera installiert, die regelmäßig Live-Bilder von einem Storchennest überträgt – Big Brother im Storchenland. Und mehr noch: Im Kreis Minden-Lübbecke lässt sich das ganze Jahr etwas über die gefiederten „Saisongäste" erfahren. Im „Haus Windheim No. 2", einem mehr als 300 Jahre alten, denkmalgeschützen Fachwerkbau in Petershagen, hat ein Storchenmuseum Platz gefunden, das sich mit der Verbreitung der Störche in der Weseraue und ihrer Rolle in Mythologie, Fabel und volkskundlichem Erzählgut beschäftigt. Für seinen Einsatz im Storchenland erhielt Alfons Bense im Jahr 2007 den „WegWeiser"-Preis der NRW-Stiftung.

Das Westfälische Storchenmuseum wurde mithilfe der NRW-Stiftung im ältesten Haus Windheims eingerichtet.

„Durch Demütigungen habe ich mehr gelernt als durch alle Siege."

Kaiser Wilhelm I.

13 KAISER-WILHELM-DENKMAL

Ruhig fließt die Weser zwischen Wittekinds- und Jakobsberg hindurch. Vorbei an grünen Wäldern, die sich bis fast hinauf zu den Gipfeln erstrecken. Hoch oben, nahe dem Wittekindsbergkamm, ist ein steinernes rundes Plateau zu erkennen, auf dem sich stolz das Abbild des einstigen Kaisers erhebt. Von Säulen umgeben wacht er unter einer Rotunde über das Wiehengebirge. Nach dem Tod Wilhelms im Jahr 1888 wurden im gesamten Reich zahlreiche Denkmäler zu seinen Ehren gebaut.
Eines der bekanntesten ist das 88 Meter hohe Denkmal an der Porta Westfalica. Das Panorama des Wesertals empfand man damals als ideales Umfeld für das Standbild des Monarchen. Die Einweihung wurde am 18. Oktober im Beisein von Wilhelm II. gefeiert, der den Denkmal-Kult um seinen Großvater aktiv förderte. Auch Kaiserin Auguste Victoria war bei dem Festakt an-

Eine fantastische Sicht belohnt den Wanderer.

wesend, zu dem insgesamt an die 20.000 Personen aus Adel und Bürgertum kamen. Ohne eine akribische Planung wäre die Durchführung der gigantischen Veranstaltung unmöglich gewesen. Doch Kosten und Mühen hatte man auch ansonsten nicht gescheut. Mit den Entwürfen für das Denkmal beauftragte man den bedeutenden Berliner Architekten Bruno Schmitz, der das Bauwerk in drei wesentlichen Teilen plante: Die unterste Ebene bildet eine Ringterrasse mit etwa 30 Stützpfeilern. Eine Freitreppe führt weiter zur Hochterrasse; zum Bildnis des Kaisers sind weitere 20 Stufen zu erklimmen. Die aus Kupferplatten gefertigte Statue modellierte der Wiener Bildhauer Caspar von Zumbusch.

Mehr als 100 Jahre später ist das Wahrzeichen der Region immer noch ein Besuchermagnet. Die vielen Wanderwege, die sich auf dem Wittekindsberg kreuzen, und der einmalige Ausblick sorgen für Touristenströme. Informationstafeln rund um den Sandsteinpavillon erklären historische und geographische Besonderheiten. Und der „Verein zur Förderung des Kaiser-Wilhelm-Denkmals" setzt sich maßgeblich für die Pflege und Restaurierung des Denkmals und der dazugehörigen Spazierpfade ein. Denn nur mit passierbaren Wegen ist der lange Aufstieg zum steinernen Kaiser möglich.

Informationen

Kaiser-Wilhelm-Denkmal
32457 Porta Westfalica-Barkhausen
Auskünfte erteilt das Fremdenverkehrsamt der Stadt Porta Westfalica
Tel. 0571 / 79 12 80

Mithilfe der NRW-Stiftung konnte ein Besucher-Leitweg am Kaiser-Wilhelm-Denkmal mit Informationsbroschüre realisiert werden.

14 KREUZKIRCHE WITTEKINDSBERG

Der Wittekindsberg bei Porta Westfalica ist vor allem wegen des Kaiser-Wilhelm-Denkmals bekannt, nicht weniger sehenswert ist jedoch die archäologisch bedeutsame Wittekindsburg, eine Wallanlage aus dem 2. oder 3. Jahrhundert v. Chr., deren Geschichte teilweise an den Tönsberg (vgl. S. 30) erinnert. Denn auch in der Wittekindsburg ist man auf vorchristliche und mittelalterliche Befestigungsreste gestoßen, und es gibt hier ebenso wie auf dem Tönsberg eine Kapelle – die romanische Margaretenkapelle. Kein Pendant haben allerdings die außergewöhnlichen Überreste der vorromanischen „Kreuzkirche", eines Zentralbaus in Form eines griechischen, das heißt gleicharmigen Kreuzes, der um das Jahr 1000 n. Chr. entstanden sein könnte. Zwischen den mit Lehmmörtel gebundenen Mauerresten haben die Archäologen fünf Gräber entdeckt, in denen eine Frau mit ihren vier Kindern beerdigt wurde. Über ihre Identität hat man nur Mutmaßungen, wahrscheinlich handelte es sich um die Mitglieder einer adligen Familie. Auch den Gründer oder Stifter der Kreuzkirche kennt man bis heute nicht. Um das Bodendenkmal künftigen Generationen zu erhalten, wurde ein gläserner Schutzbau mit schräg geneigtem Dach errichtet. Man kann ihn nicht betreten, aber von einem Metallgitter-Laufsteg aus gewährt er den Besuchern freien Blick auf die absolute Symmetrie dieser faszinierenden Ausgrabung.

Informationen

Weitere Informationen zum Projekt Kreuzkirche Wittekindsberg gibt es hier:
Gesellschaft zur Förderung der Archäologie in Ostwestfalen e.V.
Kurze Straße 36
33613 Bielefeld
www.gefao.de

Die NRW-Stiftung half bei Schutz- und Präsentationmaßnahmen am Bodendenkmal Kreuzkirche Wittekindsberg.

15 MÄRCHENMUSEUM

Informationen
Deutsches Märchen- und Wesersagenmuseum
Am Kurpark 3
32543 Bad Oeynhausen
Tel. 05731 / 14 34 10
www.badoeynhausen.de

Öffnungszeiten:
Mi-So 10-12 & 14-17 Uhr

Kinder
- An jedem ersten Freitag im Monat findet um 16 Uhr eine öffentliche Märchenerzählstunde statt.

www.nrw-entdecken.de

Mit dieser Villa stimmt etwas nicht. Jedem Gast, der am Kurpark in Bad Oeynhausen entlanggeht, sticht das alte, malerische Haus sofort ins Auge: Auf dem Balkon fliegt eine Hexe in dunklem Gewand auf einem Besen. Neben ihr schwingt sich ein giftgrüner Drache mit ausladenden Flügeln durch die Luft, und unten, am Eingang zum Haus, stehen bunte Fantasiefiguren. Schon von weitem ist zu erahnen, was das Schild vor dem Eingang verrät: In diesem Haus ist das „Deutsche Märchen- und Wesersagenmuseum" untergebracht.

Während Zauberei und „Fantasy" durch „Harry Potter" eine Renaissance feiern, dreht sich in Bad Oeynhausen seit einem Vierteljahrhundert alles um Märchen und ihre jahrhundertealten Figuren und Motive, die uns von Kindesbeinen an vertraut sind. Sie begleiten uns bis ins Erwachsenenalter – und sei es nur als Werbeträger. Schneewittchen, Rotkäppchen, Rapunzel oder der Rattenfänger von Hameln – sie alle las-

Ein echter Blickfang: die Villa, in der das Deutsche Märchen- und Wesersagenmuseum untergebracht ist.

sen sich in dieser in Deutschland einzigartigen Einrichtung wiedertreffen.
Die vielseitige und bunte Dauerausstellung, die jedes Jahr rund 12.000 Besucher anlockt, präsentiert neben Märchenbüchern auch Ölgemälde, Bilderbögen und Holzschnitte, unter ihnen einige von namhaften Künstlern wie Adrian Ludwig Richter und Wilhelm Busch. Zudem beherbergt das Museum eine sehenswerte Sammlung von Märchenbildern zeitgenössischer Künstler und Künstlerinnen. Als Geheimtipp gelten die aufklappbaren Bilderbücher der Schweizer Grafikerin Warja Lavater, die Märchen allein mit Zeichen und Symbolen erzählt.
Zum Angebot des Hauses zählt neben der Dauerausstellung ein breit gefächertes Programm: Ob Märchenabend, Bastelnachmittag, Kindertheater oder spezielle Angebote für Geburtstagskinder – das Märchenmuseum bietet neben seinen Sonderausstellungen und den alljährlichen Bad Oeynhausener Märchentagen eine Vielzahl von Aktivitäten für jeden Geschmack.

■ Die NRW-Stiftung erwarb Exponate für das Märchen- und Wesersagenmuseum Bad Oeynhausen.

16 ZIGARRENMACHERHAUS

„Man sollte immer erst eine Zigarre rauchen, ehe man die Welt umdreht.“

Otto von Bismarck

Dass ein Rollbrett nicht zwangsläufig die deutsche Übersetzung für das amerikanische „Skateboard“ ist, dass eine Wickelform eher wenig mit dem Aussehen von Babywindeln zu tun hat und ein Klavier nicht immer Tasten haben muss, erfahren die Besucher im Zigarrenmacherhaus in Löhne. In dem mehr als 100 Jahre alten Gebäude ist ein typisches Beispiel für die Wohnverhältnisse einer ostwestfälischen Zigarrenmacherfamilie bewahrt worden. Bis 1924 wohnte hier der „Werkmeister“ Ernst Homburg mit seiner Frau und sieben Kindern auf nur etwa 60 Quadratmetern. Statt eines Spinnrades oder eines Webstuhles findet man in dem schlicht eingerichteten Haus die Utensilien des Zigarrenmachers: Rollbrett und Wickelform.

Der Berufsstand des Zigarrenmachers bildete sich im 19. Jahrhundert in Ostwestfalen in der ländlichen Bevölkerung. Tagsüber bestellten die Zigarrenmacher ihre eigenen kleinen Höfe oder dienten anderen Bauern als „Heuerlinge“. Erst abends widmeten sie sich den Zigarren, um sich in Heimarbeit ein bescheidenes Zubrot zu verdienen: Mit einem Deckblatt aus Übersee überrollten die Zigarrenmacher ihre gekonnt geformten Tabak-Wickel an einem „Klavier“ genannten

An solchen Arbeitsplätzen wurden Zigarren in Heimarbeit gefertigt.

Arbeitstisch. So karg der Zusatzverdienst auch war, warf er doch immer etwas für den privaten Tabak-Genuss nach Feierabend ab.
Das Rauchen von Zigarren gilt als die Ur-Form des Tabak-Konsums. So fanden Wissenschaftler als ältestes Dokument dieses Brauches an der Wand eines Maya-Tempels in Belize / Mittelamerika das Relief eines rauchenden Mannes. Azteken und Maya prägten den Namen „Ciquar", was mit „etwas Brennbares, das gut schmeckt und gut riecht" übersetzt wird. Nach Europa kamen die Zigarren durch Christoph Kolumbus, und vor allem seine Seeleute waren fasziniert von dem Genuss der ersten „Tabagos", die in Größe und Form noch an Spielzeugtrompeten erinnerten.
Der Heimatverein Löhne hat das Zigarrenmacherhaus wieder aufgebaut und mit Originalmobiliar ausgestattet. Heute bietet es den Besuchern einen Einblick in die Lebens- und Arbeitssituation der ländlichen Unterschicht zur Zeit der beginnenden Industrialisierung. Im Heimatmuseum Löhne können zudem umfangreiche volkskundliche Sammlungen und ein bäuerlicher Kornspeicher von 1795 besichtigt werden.

Informationen

Heimatmuseum Löhne
Alter Postweg 300
32584 Löhne
Tel. 05732 / 31 72
www.loehne.de

Öffnungszeiten:
Sa 15-18 Uhr
So 10-12.30 & 15-18 Uhr

Mit Unterstützung der NRW-Stiftung konnte der Heimatverein Löhne den ehemaligen Heuerlingskotten restaurieren und als Museum der Öffentlichkeit zugänglich machen.

17 LINDEMANN'SCHE MÜHLE

1850 entstand die nach ihrem Erbauer benannte „Lindemann'sche Mühle“ in Vlotho-Exter. 111 Jahre später wurde sie bei einem Sturm stark beschädigt. Sanierungsversuche in den 1980er Jahren endeten mit schweren Rückschlägen. Doch dank dem 2004 gegründeten Verein Windmühle Exter e.V. ist der „Durchfahrtsholländer“ nun wieder voll betriebsfähig, wofür der Verein mit dem Vlothoer Bürgerpreis geehrt wurde. Holländer nennt man Mühlen, bei denen eine hölzerne „Kappe“ bewegt wird, um die Flügel in den Wind zu drehen. Bei Durchfahrtsholländern können Fuhrwerke außerdem auf der einen Seite in die Anlage hinein und auf der anderen wieder hinaus rollen. Die eigentliche Besonderheit der Mühle in Exter liegt darin, dass sie jeweils halbseitig von einem Erdwall und von einer Holzgalerie umgeben ist. Zwar sind an sich weder Galerien noch Wälle bei Holländern ungewöhnlich, weil man von hier aus die drehbare Kappe mit Stangen leichter erreichen konnte. Eine Kombination aus beidem ist jedoch sehr selten.

Informationen

Windmühle Exter e.V.
Nelkenstr. 19
32602 Vlotho
Tel. 05228 / 95 79 843
www.windmuehle-exter.de

Die NRW-Stiftung half bei der Restaurierung der Lindemann'schen Windmühle in Vlotho-Exter.

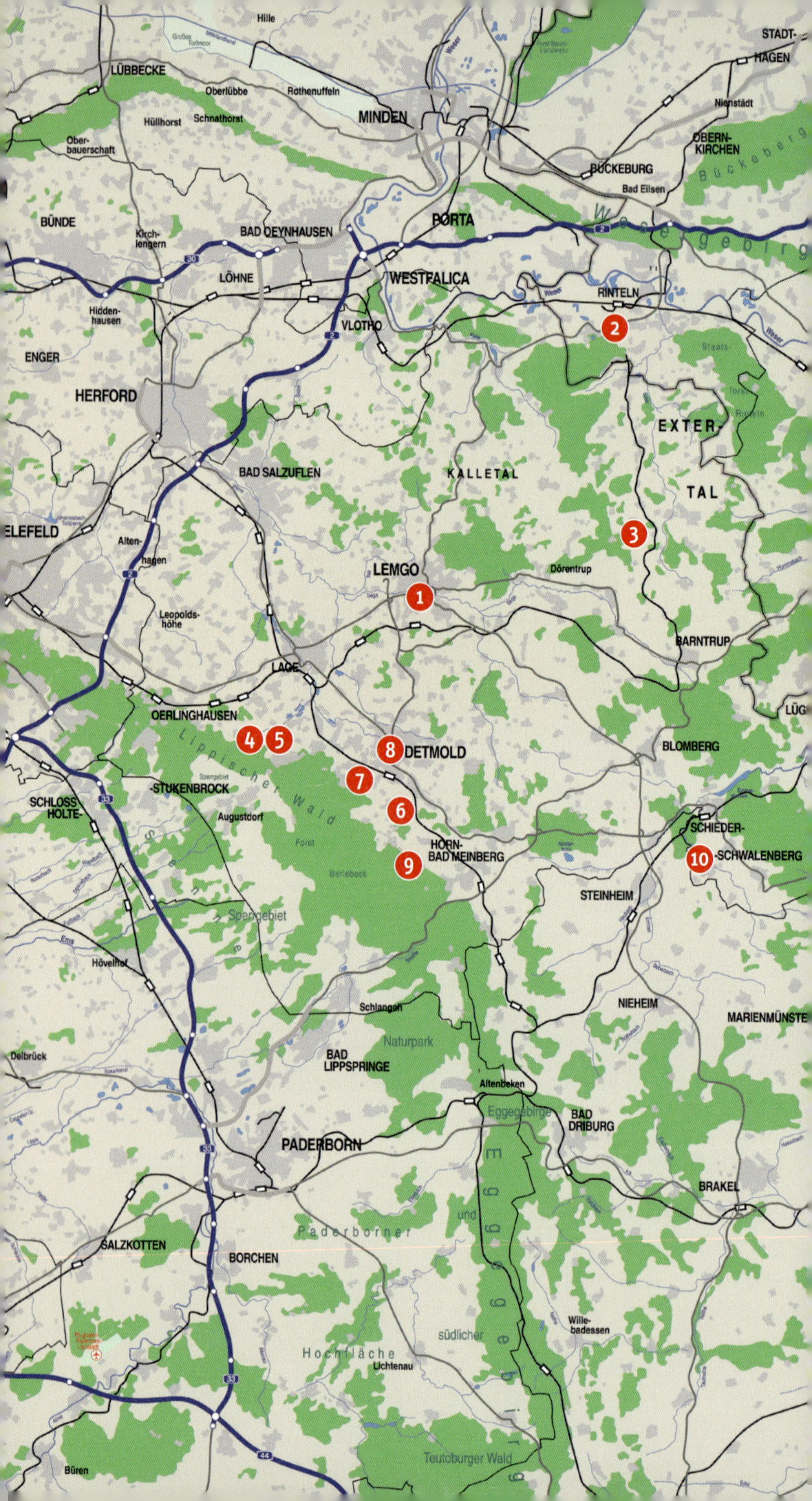
Hille
LÜBBECKE
Oberlübbe
Rothenuffeln
MINDEN
STADT-HAGEN
Nienstädt
OBERN-KIRCHEN
Hüllhorst
Schnathorst
Ober-bauerschaft
BÜCKEBURG
Bad Eilsen
Bückeberg
BÜNDE
Kirch-lengern
BAD OEYNHAUSEN
PORTA
WESTFALICA
Wesergebirg
LÖHNE
Hidden-hausen
RINTELN
VLOTHO
ENGER
HERFORD
EXTER-
TAL
KALLETAL
BAD SALZUFLEN
ELEFELD
Alten-hagen
LEMGO
Dörentrup
Leopolds-höhe
BARNTRUP
LAGE
OERLINGHAUSEN
Lippischer Wald
DETMOLD
BLOMBERG
SCHLOSS HOLTE-STUKENBROCK
Augustdorf
Senne
SCHIEDER-SCHWALENBERG
HORN-BAD MEINBERG
STEINHEIM
Sperrgebiet
Hövelhof
Schlangen
NIEHEIM
MARIENMÜNSTER
Delbrück
Naturpark
BAD LIPPSPRINGE
Altenbeken
Eggegebirge
BAD DRIBURG
PADERBORN
BRAKEL
Eggegebirge
SALZKOTTEN
BORCHEN
Paderborner
und
südlicher
Hochfläche
Lichtenau
Wille-badessen
Büren
Teutoburger Wald
1
2
3
4
5
6
7
8
9
10

RUND UM DETMOLD

RIESENHELD IM LIPPERLAND

Neben dem Westfälischen Ross und dem symbolisierten Rhein zeigt die Lippische Rose unten im Landeswappen: Auch der Kreis Lippe ist Nordrhein-Westfalen. Das hätte sehr leicht auch anders kommen können. Als sich 1946 in der britischen Besatzungszone die Bundesländer Niedersachsen und Nordrhein-Westfalen gründeten, blieb der kleine Freistaat Lippe zunächst übrig – und hatte die Wahl, sich einem der beiden großen Länder anzuschließen. NRW, gerade aus den preußischen Provinzen Westfalen und Rheinland entstanden, war zu den größten Zugeständnissen bereit, die 1946 in den „Lippischen Punktationen“ festgeschrieben wurden. Unter anderem wurde Detmold Sitz eines der fünf Regierungsbezirke, wozu eigentlich schon Minden ausersehen war. Und die Lipper durf-

Bild oben:
Aus den Steinbrüchen am Velmerstot stammt Baumaterial für den Berliner Reichstag und für den Kölner Dom.

ten ihr Landesvermögen behalten, das seit 1949 vom Landesverband Lippe verwaltet wird. Er betreibt unter anderem das Landestheater in Detmold, das als größte Reisebühne Europas gilt: Nur etwa die Hälfte der 600 Aufführungen jährlich gibt das Ensemble im klassizistischen Theaterbau des Berliner Architekten Bodo Ebhardt, ansonsten spielen die Detmolder Mimen auf anderen Bühnen in NRW.

Weitere Sehenswürdigkeiten der 70.000-Einwohner-Stadt am Rande des Naturparks Teutoburger Wald hingegen stehen unverrückbar fest, einige schon seit Millionen Jahren. Die Externsteine etwa, jene bizarre und faszinierende Felsformation, die jetzt auch durch die Unterstützung der NRW-Stiftung ein angemessenes Besucherzentrum erhalten hat. Oder das Residenzschloss mit der wunderbar erhaltenen und liebevoll gepflegten Altstadt. Und nicht zuletzt: das 54 Meter hohe Hermannsdenkmal, das an den Sieg des Cheruskerfürsten über die römischen Legionen im Jahre 9 nach Christus erinnern soll. Dass die Schlacht gar nicht hier am Teutoburger Wald geschlagen wurde, schmälert Hermanns Popularität nicht: Rund eine Million Besucher kommen jedes Jahr und genießen von der Aussichtsplattform zu seinen Füßen den weiten Blick ins Land.

Historisches Fachwerkhaus im Westfälischen Freilichtmuseum Detmold.

Vor den Toren Detmolds liegt ein sehenswertes Freilichtmuseum. Auf dem rund 100 Hektar großen Gelände stehen mehr als 100 alte Gebäude, die aus dem Umland „transloziert" wurden. Was Besucher hier schätzen: Die Anlage wirkt überhaupt nicht wie ein Museum, denn in den Ställen stehen Tiere, die Äcker sind bestellt, die Gärten bepflanzt. Dorfschule und Krämerladen sind so eingerichtet, als wären sie noch in täglichem Gebrauch, was für die Gaststätte tatsächlich gilt: Hier gibt es regional Typisches auf den Teller und ins Glas.

Das Hermannsdenkmal erinnert an den Sieg des Cheruskerfürsten über die römischen Legionen.

Noch ein lohnenswertes Ausflugsziel: Die Adlerwarte auf einer Anhöhe über Berlebeck ist die älteste Greifvogelwarte Europas. Gegründet vor 80 Jahren, ist sie heute eine moderne Aufzuchtstation für bedrohte Vogelarten. Rund 180 Tiere werden hier gehalten, von denen einige mehrmals täglich in Flugschauen vorgeführt werden. Die Region rund um Detmold ist ein beliebtes Wanderrevier, Aushängeschild ist der Premium-Wanderweg Hermannshöhen: In nordwestlicher Richtung führt er nach Rheine, in südlicher Richtung nach Marsberg. Außerdem gilt der Teutoburger Wald hier als „Heilgarten Deutschlands“: Das Moor, die gute Luft, die heilkräftigen Wasser ließen eine große Dichte von Kurorten entstehen. Bereits 1767 wurde Horn-Bad Meinberg durch gräfliche Verfügung zum „Curort“, schon 100 Jahre zuvor pries man die Quelle als „Meinberger Gesundbrunnen“. Zum Heilbad wurde der Ort aber nicht nur des Wassers wegen – bereits seit dem 19. Jahrhundert verabreicht man den Gästen hier Moorbäder, damals noch „Schlammbad“ genannt.

Flugschau an der Greifvogelwarte in Berlebeck.

1 JUNKERHAUS LEMGO

Das Gebäude fällt sofort auf. Einem Märchenhaus gleich steht es in der Innenstadt von Lemgo, über und über bedeckt mit hölzernen Ornamenten. Die imposante Eingangstür gibt den Weg frei in ein beeindruckendes Gesamtkunstwerk: Jedes kleinste Detail in ihm ist mit handgeschnitztem Zierrat geschmückt, die Fußböden sind mit ornamentalen Blätterranken bemalt. Das Junkerhaus fasziniert Besucher heute ebenso wie vor 100 Jahren.

Innenansicht des Gesamtkunstwerks.

Karl Junker wollte hier seine Vision verwirklichen: die Einheit von Kunst und Leben. Ab 1889 arbeitete der Holzbildhauer und Maler an diesem Traum. Sein Künstlerhaus, einen zweigeschossigen Fachwerkbau, stattete er konsequent ohne fremde Hilfe aus. Bis zu seinem Tod 1912 lebte Junker für seine Arbeit, mit der er sich in den eigenen vier Wänden eine neue Welt erschuf. Sogar die Möbel, die eher Skulpturen gleichen, fertigte er selbst an.

Entstanden ist daraus eine einmalige Verbindung aus Architektur, Malerei und Plastik. Sämt-

SEHENSWERT

Stadtbefestigung

Lemgo bestand im späten Mittelalter lange aus zwei direkt aneinander grenzenden, aber dennoch selbständigen Gemeinden, die erst 1365 zu einer Gesamtstadt vereinigt wurden. Diese Gesamtstadt erhielt dabei auch eine gemeinsame Befestigung mit Wall und Graben.

Der äußere Wallgraben hatte eine Breite von 26 Metern, vor dem Regenstor sogar von 62 Metern. Am Kastanienwall ist ein Stück Stadtbefestigungsanlage vom Verein „Alt Lemgo“ mithilfe der NRW-Stiftung rekonstruiert und erläutert worden. So ist es an dieser Stelle möglich, eine Vorstellung von der frühneuzeitlichen Verteidigungsanlage zu bekommen.

■ Informationen
www.verein-alt-lemgo.de

liche Wände und Möbel sind mit reliefartigen Schnitzereien verziert. Auf den Oberflächen sind kleine Äste befestigt und beschnitzte Hölzer aufgenagelt. Motive, die mythische oder biblische Themen zeigen, sind darauf gemalt. Dabei wandelte Junker traditionelle Techniken ab und mischte in seine Farben beispielsweise strukturgebende Partikel.

Heute, nach rund 100 Jahren, wird sein Nachlass als „Art Brut" bezeichnet – als Außenseiterkunst. Sie entzieht sich allen gängigen Kunstkategorien, und doch sind Anklänge an Historismus, Jugendstil, Expressionismus, aber auch an die im England jener Tage entstehende Arts-and-Crafts-Bewegung erkennbar.

Seine Zeitgenossen überzeugte diese Kunst indes wenig. Zwar ließ der zurückgezogen lebende

Informationen

Museum Junkerhaus
Hamelner Str. 36
32657 Lemgo
Tel. 05261 / 66 76 95
www.junkerhaus.de

Öffnungszeiten:
November bis März:
Fr-So 11-15 Uhr
April bis Oktober:
Di-So 10-17 Uhr

Kinder

- Museumspädagogisches Programm
- Taschenlampenführungen

www.nrw-entdecken.de

Das Junkerhaus in Lemgo wurde mithilfe der NRW-Stiftung vollständig restauriert und ist heute öffentlich zugänglich.

„Architekturmaler“, wie er sich selbst nannte, sein Haus gegen eine Gebühr von 25 Pfennigen besichtigen, aber vielen galt der Künstler doch nur als Außenseiter. Einer seiner wenigen Vertrauten, der Hannoveraner Galerist Herbert von Garvens, sagte nach dem Tod Junkers: „Du warst ein indischer Tempel in deutscher Landschaft.“
Hinter dem Junkerhaus ist nach einem Entwurf des Lemgoer Architekten Reinhard Schwakenberg ein neues Museumsgebäude entstanden, das 2004 eröffnet wurde. Es umfasst das Foyer, technische Räume und die Ausstellungshalle. Der Bau ist mit dem Junkerhaus durch einen Glasgang verbunden.

Der Ausstellungsraum eröffnet die Möglichkeit, in wechselnden Präsentationen den künstlerischen Nachlass von Karl Junker zu erschließen und der Öffentlichkeit zu zeigen. Das Gartengrundstück wurde nach dem Entwurf der Landschaftsarchitektin Ina Bimberg aus Iserlohn neu gestaltet. Bewusst wurde dabei auf die Rekonstruktion der früheren Gartenanlagen, die nicht dokumentiert sind, verzichtet.

2 RINNENBERG IN EXTERTAL

Auf dem waldreichen Südhang des Rinnenberges entdecken Naturschützer echte Raritäten: die Wiesen-Schlüsselblume etwa, den Wolligen Hahnenfuß, das Manns-Knabenkraut oder die Grüne Nieswurz. Auch eines der nördlichsten Vorkommen der Elsbeere findet sich hier bei Extertal. Um gefährdete Tiere und Pflanzen zu schützen, wird am Rinnenberg neuerdings wieder ein Stück Niederwald bewirtschaftet, das über zwei Generationen sich selbst überlassen und fast schon in Vergessenheit geraten war.
Um die Wuchsbedingungen der Elsbeeren zu verbessern, hat der NABU in Zusammenarbeit mit der Biologischen Station Lippe die Kronenräume der größten Elsbeeren behutsam freigestellt und etwa einen Hektar Niederwald wieder bewirtschaftet. Die Schlagfläche am Steilhang des Rinnenbergs wurde in acht Teile gegliedert, um die alten Nutzungsrhythmen von 12 bis 25 Jahren wieder aufnehmen zu können. Für das

Hainbuchen-Niederwald mit artenreicher Krautschicht.

Grünland rund um den Rinnenberg haben die Naturschützer Obstbäume, Kopfweiden und Hecken gepflanzt, um die Lebensqualität für alle Bewohner des Areals zu heben. Auf den Wiesen weiden Skudden – eine vom Aussterben bedrohte Rasse von Landschafen.

Der Name Rinnenberg stammt wahrscheinlich von der Schneise am Südhang. Durch diese Rinnen wurde einst das Holz aus dem Hauberg den Hang hinuntergebracht. Gerade in den Sommermonaten sind die Spuren dieser ehemaligen Nutzung hier noch deutlich zu sehen.

Informationen

Der Rinnenberg in Extertal-Bremke ist von der Bundestraße 238 erreichbar. Südlich von Rinteln geht es auf die Extertalstraße (Richtung Bösingfeld/Barntrup), nach 5 km links Richtung Bremke. Unmittelbar nach der Ortseinfahrt wieder links, dann liegt der Rinnenberg rechter Hand. Der Rinnenberg ist nicht durch Wege erschlossen und sollte nur bei Führungen begangen werden. Anfragen beantworten der NABU Extertal (Dr. Karl Steinheider, Tel. 05754 / 12 90) und die Biologische Station Lippe (Tel. 05282 / 462). www.nabulippe.de

Die NRW-Stiftung erwarb große Teile des Rinnenberges für Zwecke des Naturschutzes.

3 EXTERTALBAHN

Die Eisenbahn kam erst spät ins Fürstentum Lippe, ins Tal der Exter sogar erst in den 1920er-Jahren. Dafür ging sie auch früh wieder: Der Personenverkehr wurde schrittweise in den 1960er-Jahren eingestellt, der ohnehin bedeutungslose Güterverkehr endete endgültig im Jahr 2001. Und doch: Nie verschwand sie so ganz, die Eisenbahn im Extertal. Denn auch hier gab und gibt es eine sehr aktive Gemeinschaft von Eisenbahn-Enthusiasten, die sich mit dem Ende des Schienenverkehrs nicht abfinden mochte. Unter dem Namen Freundeskreis der Extertalbahn (FkdE) gründete sich 1985 ein Verein, der sich anfangs nur auf die Extertalbahn konzentrierte. 1987 erfolgte die erste publikumswirksame Aktion: eine Nikolausfahrt – allerdings noch mit elektrischem Antrieb. Im gleichen Jahr aber schaffte der Verein für die Strecke durchs Extertal eine erste Dampflokomotive an, die fast bis zur Jahrtausendwende gute Dienste tat. Ihre Nachfolgerin, die im Jahr 2000 gekauft wurde, schnauft bis heute bei jährlichen Sonderfahrten auf den rund zehn Kilometern zwischen Bösingfeld und Barn-

trup sowie auf den zehn weiteren Kilometern bis Dörentrup – diesen Streckenabschnitt der früheren Begatalbahn bedient der Verein nämlich seit einigen Jahren ebenfalls. Um dem Erhalt der lippischen Eisenbahnen auch über das Extertal hinaus dienlich zu sein, hatte man bereits 1992 den Namen geändert in „Landeseisenbahn Lippe e. V." Zum Teil werden die historischen Waggons, die der Verein ebenfalls pflegt, auch von einer Oldtimer-Diesellok gezogen. Das Highlight für Bahn-Fans sind aber zwei elektrische Gütertriebwagen, die seit 1986 unter Denkmalschutz stehen. Zwischen 1927 und 2001 waren sie ununterbrochen im regulären Einsatz – länger als jede andere E-Lok in Deutschland. Einzigartig ist auch ihre Bauart. Für Kenner: Sie haben sowohl eine Zug- und Stoß- als auch eine Trompetenkupplung.

Ein Teil der alten Strecke – gut zehn Kilometer zwischen Rinteln und Bösigfeld – ist heute für spezielle Fahrraddraisinen reserviert.

Fahrrad-Draisinen fahren zwischen Rinteln und Bösigfeld.

Informationen

Landeseisenbahn Lippe
Am Bahnhof 1
32699 Extertal
Tel. 01805 / 01 28 85
www.extertalbahn.de

Kinder

- Nikolausfahrten
- Jugendferientage

Die NRW-Stiftung half bei Instandsetzungsarbeiten an den Fahrzeugen der Extertalbahn.

4 HERMANNSBERG

Wie eine verwitterte Mauer aus Kalksandstein baut sich zwischen Bielefeld und Detmold der Teutoburger Wald auf. Dieser Name ist allerdings erst 200 Jahre alt. Früher hieß der Höhenzug „Osning“, in diesem Abschnitt auch einfach „Lippischer Wald“. Seit Menschengedenken gibt es auf seinem Kamm oder dicht unter den Gipfeln einen alten Weg, den Hermannsweg, den schon Generationen von Reisenden, Händlern und Wanderern gegangen sind. Nördlich von Augustdorf, am 364 Meter hohen Hermannsberg, läuft er durch ausgedehnte Buchenwälder. Wie die Deckenstreben einer gotischen Kathe-

Zuschauen erlaubt, Bäumefällen und Aufforsten verboten: Am Hermannsberg greift der Mensch nicht mehr ein, damit sich ein „Urwald von morgen“ entwickeln kann.

drale strecken und verschränken sich hier die schlanken Äste der Rotbuchen. Im Frühjahr ist das freundliche Gewölbe aus hellgrünem Laub erfüllt vom schmetternden Gesang der Buchfinken und Waldlaubsänger. Sonnenflecken spielen am Waldboden und tauchen die Herden aus Bingelkraut abwechselnd in gleißendes Gold und sattes Grün.

Der Hermannsberg ist eine so genannte Naturwaldzelle, die der NRW-Stiftung gehört. Hier darf der Wald wieder wachsen, wie er will. Bäume werden weder gepflanzt noch abgesägt. Umgestürzte Stämme vermodern und werden von Moosen und Pilzen dem Erdboden gleichgemacht. Im ganzen Land gibt es solche Waldreservate. Sie dienen der Forstwissenschaft als Lehr- und Forschungsobjekte, sind Bestandteile eines europaweiten Netzwerks von Naturschutzgebieten und lebender Beweis, dass auch in einem dicht besiedelten Industrieland Platz für „Urwald von morgen" ist.

Informationen

Der Hermannsberg liegt im Teutoburger Wald zwischen Augustdorf im Süden und Hörste im Norden.

Die NRW-Stiftung hat an drei Orten Waldbesitz, die heute als Naturwaldzellen ausgewiesen sind: im Kreis Heinsberg, im Kreis Viersen und auf dem Hermannsberg in Lage im Kreis Lippe. Insgesamt gibt es in NRW heute 75 dieser Naturwaldreservate.

SEHENSWERT

Ziegelei Lage
Am nördlichen Stadtrand von Lage liegt die 1909 gegründete Ziegelei. Zunächst wurden die Ziegel hier von Hand gefertigt; ab 1922 wurde die Fabrik mechanisiert. 1979 stellte man die Produktion ein. Heute gehört sie zum Westfälischen Landesmuseum für Industriekultur. Besucher können sich hier in der Ziegelfertigung von Hand versuchen oder eine Fahrt mit der Feldbahn genießen.

■ Informationen
LWL-Industriemuseum
Ziegeleimuseum Lage
Sprikernheide 77
32791 Lage
Tel. 05232 9490-0
www.lwl.org

■ **Informationen**
LHB-Ortsverein Lage e.V.
Lilienthalstr. 2
32791 Lage
Tel. 05232 / 88 567
www.lage.info

■ Das „Alte Gefängnis" in Lage, das heute als Vereinssitz dient, konnte mithilfe der NRW-Stiftung restauriert werden.

5 ALTES GEFÄNGNIS LAGE

Er liegt mitten in der Stadt, der „Plaß", das Plätzchen zwischen Rhien- und Friedrichstraße. Auf eben diesem Plätzchen steht das kleinste Häuschen der Stadt, bekannt als „Häuschen Kroos" – trotz seiner schmucken Fassade berüchtigt für seine Vergangenheit als Gefangenenhaus. Begonnen hat alles jedoch ganz anders. Erbaut wurde das Häuschen am Plaß 1787 – als „Unterstellmöglichkeit" für die fahrbare Feuerwehrspritze des Ortes. Statt Pumpe jedoch landeten ab 1824 die „Gefangenen des Fleckens Lage" in seinem Inneren. Ganze vier Jahrzehnte lang diente das Fachwerk-Häuschen als Gefängnis. Allerdings gelang den meisten Gefangenen schnell die Flucht: dem Kroos'schen Häuschen mangelte es an Sicherheitsvorkehrungen.
Apropos Kroos: Zu diesem Namen kam das Haus erst 1884, als es der Lagenser Bahnarbeiter Heinrich Kroos für 1350 Reichsmark erstand. Heute dient das Gebäude dem Ortsverein Lage des Lippischen Heimatbundes als Treffpunkt. Der Verein hatte sich des Häuschens 1991 angenommen und es umfassend renoviert, so dass auch die Neurenaissance-Tür mittlerweile wieder in altem Glanz erstrahlt.

6 ROLF'SCHER HOF

Die Kötterstelle, auf welcher der Rolf'sche Hof im Jahr 1899 erbaut wurde, geht auf das späte 12. Jahrhundert zurück. Heute beherbergt das Haus am Ortsrand von Detmold-Berlebeck eine Umweltbildungsstätte und hat sich zu einem beliebten Lernort für die Detmolder Schulkinder entwickelt.

Ursprünglich bildeten dieser und vier weitere Höfe eine kleine Hagenhufensiedlung. Die Hofstellen lagen in gleichmäßigen Abständen entlang eines Weges. Hangaufwärts schloss sich das zugehörige Land, der „Hufen", an. Den Namen Rolf'scher Hof bekam das Haus nach dem verstorbenen Vorbesitzer, der hier mit seiner Schwester eine kleine Landwirtschaft betrieben hatte. 1995, nach dem Tod der Rolfs, war das Haus in einem trostlosen Zustand, seit Jahrzehnten war eine Sanierung überfällig.

Als die Staff-Stiftung das Geld für den Kauf der Grundstücke bewilligte und das Haus dazu

Informationen
Rolfscher Hof
Hahnbruchweg 5
32760 Detmold
Tel. 05231 / 98 103 92
www.rolfscher-hof.de

Kinder
- Wanderungen
- Kindergeburtstage
- zahlreiche Aktivitäten für Schulklassen und Kindergärten

Die NRW-Stiftung unterstützte den NABU Kreisverband Lippe beim Ausbau des Rolf'schen Hofes zu einer Naturschutzstation und Umweltbildungseinrichtung.

gab, entstand der Plan, das Hofgebäude ebenfalls für die Naturpädagogik herzurichten. Zum Vorschein kam bei der Restaurierung eine lange verschüttete Quelle, in deren Tümpel Feuersalamander und Geburtshelferkröten leben. Nach und nach bekam das Haus ein neues Dach, die Fundamente und Außenwände wurden saniert, das Mauerwerk neu verfugt. Heute präsentiert sich das Gebäude als geschichtsträchtiges Unikum, ein Bruchsteinbau aus Osning-Sandstein und Muschelkalk, geflickt mit mancher kriegsbedingter Backsteinnarbe.

Die Detmolder Kinder und ihre Lehrer können sich gar nicht vorstellen, wie sie früher ohne den Rolf'schen Hof ausgekommen sind. Sie können zum Beispiel einen matschigen Waldboden barfuß erkunden. Den Matsch zwischen ihren Zehen können die Kinder abwaschen, aber die Erfahrungen und das Gesehene bleiben haften. Was den Hof anziehend macht, ist ein abwechslungsreiches und intaktes Umfeld, dazu ein bäuerlicher Garten, so wie der, in dem die alte Lina Rolf Gemüse und Kräuter gezogen hatte – eben ein unverwechselbares Stück Lippe.

7 DETMOLDER SOMMERTHEATER

Von Kino über Militärquartier bis zu Diskothek und China-Restaurant – das Detmolder Sommertheater hat in seiner mehr als 100-jährigen Geschichte viel erlebt. Doch als schließlich das endgültige Aus drohte, griff eine kleine Gruppe engagierter Bürger in letzter Minute ein. Dank der „Initiative Detmolder Sommertheater" ist das markante, rosafarbene Gebäude heute wieder, was es war: ein erfolgreiches Theaterhaus mit wechselnden Inszenierungen. Sogar Berühmtheiten wie Weltklasse-Sänger Thomas Quasthoff geben hier zuweilen Kostproben ihres Könnens.

Im Juni 1898 wurde das Sommertheater nach nur zwei Monaten Bauzeit fertig gestellt. Heinrich Dütemeyer, der Inhaber des beliebten Ausflugslokals „Neuer Krug", ließ das Theater bauen, um mit der neuen Attraktion noch mehr Besucher anzulocken. Denn die Residenzstadt am Teutoburger Wald war damals ein populäres Ziel, um die „Sommerfrische" zu verbrin-

Bis zu 350 Zuschauer finden in dem sanierten Theater Platz.

gen. Sein Plan ging auf. Von den 40 Aufführungen pro Saison war fast jede Vorstellung vor rund 300 Zuschauern ausverkauft. Neben gängiger leichter Kost waren vor allem aktuelle sozialkritische Stücke moderner Dramatiker wie Hauptmann, Ibsen oder Tolstoi zu sehen.

Nach einem Brand im Detmolder Hoftheater diente das Sommertheater vor seiner Schließung noch einige Jahre als Ausweichspielstätte. Was gut sieben Jahrzehnte lang folgte, hinterließ seine Spuren: Von dem einstigen Publikumsmagneten blieb nichts als eine baufällige Ruine übrig. Als 1993 die Abrissbirne schon bestellt war, formierte sich die „Initiative Detmolder Sommertheater" und setzte alles daran, den seltenen Theaterbau zu erhalten. Dabei mussten die engagierten Mitglieder einige Hürden überwinden: Neben der Finanzierung galt es vor allem, die Aufmerksamkeit der Bürger in der Region zu wecken. Konzerte, Veranstaltungen und Werbeaktionen sollten den Menschen klar machen, wie wichtig der Erhalt des Bau- und Kulturdenkmals für Detmold ist. Prominente Unterstützung erhielt die Initiative durch die Schauspielerin und gebürtige Detmolderin Iris Berben,

Studenten der Hochschule für Musik nutzen die Bühne für Proben.

die die Schirmherrschaft übernahm. Das Projekt sollte jedoch keine Konkurrenz zu den bestehenden Häusern sein, sondern die kulturellen Angebote ergänzen.

Heute präsentiert sich das Detmolder Sommertheater nach Jahren des zähen Ringens wieder in einem gelungenen Zusammenspiel von Alt und Neu. Mit großzügigen Räumlichkeiten bietet es Platz für 350 Zuschauer, die neben Aufführungen des Landestheaters Detmold auch häufig Konzerte, Gesangsabende und sogar Abschlussprüfungen von den Studenten der Hochschule für Musik sehen können. Kooperationen mit Kunst- und Musikhochschulen in Weimar, Wien, Helsinki und Budapest sollen die Kulturstätte über die Landesgrenzen hinaus bekannt machen. Diese Erfolgsgeschichte zeigt, dass sich bürgerschaftliches Engagement auch in kulturell schwierigen Zeiten lohnt. Genauso wie ein Besuch im Sommertheater Detmold – ganz unabhängig von der Jahreszeit.

Die historische Straßenansicht des Gebäudes erstrahlt in neuem Glanz.

Informationen

Sommertheater Detmold
Neustadt 24
32756 Detmold
Tel.: 05231 / 30 94 58
www.detmolder-sommertheater.de

Die NRW-Stiftung förderte die Einrichtung und die technische Bühnenausstattung des Detmolder Sommertheaters.

8 FALKENBURG

Nordrhein-Westfalen gehört zu den Bundesländern mit einem „Doppelnamen". Das NRW-Wappen ist aber nicht zwei-, sondern sogar dreiteilig, denn es zeigt außer dem Rheinsymbol und dem Westfalenross auch die Lippische Rose. Ihre Blüte begann vor rund 800 Jahren, als auf dem Falkenberg nahe Detmold eine mächtige Höhenburg entstand, die als die Wiege des Landes Lippe gilt. Um die eindrucksvolle Burgruine, die heute vom Verein „Die Falkenburg e.V." betreut wird, ranken sich spannende Geschichten von ritterlichen Fehden, herzoglichen Geiseln – und einer Fürstin, die aus Burgmauern Straßen machte.

Geografisch gesehen liegt der Kreis Lippe im östlichen Westfalen. Echte Lipper lassen sich aber ungern als Ostwestfalen bezeichnen, denn ihre Heimat hat eine ganz eigene Geschichte: Während alle anderen Gebiete des heutigen Landes NRW spätestens 1815 an Preußen fielen, blieb das Fürstentum Lippe noch bis 1918 selbstständig. Dass es nicht zu der drohenden Verschmelzung mit der preußischen Provinz Westfalen kam, war vor allem das Verdienst einer außergewöhnlichen Frau – Fürstin Pauline zur Lippe, die von 1802 bis 1820 regierte. Ihr gelang das Kunststück, in den Konflikten der Großmächte stets im richtigen Moment auf der richtigen Seite zu stehen und so die Unabhängigkeit ihres Miniaturstaates mit seinen 80.000 Einwohnern zu bewahren.

SEHENSWERT

Fürstenallee

Der historische Straßenabschnitt der Landesstraße L937 gilt als schönste Eichenallee im Lippischen Land. Auf rund 2,5 Kilometern Länge nahe der Ortschaft Oesterholz stehen Eichen und auch Buchen, die teilweise zwischen 1725 und 1730 angepflanzt wurden – damals als standesgemäße Zufahrt zum Jagdschloss Oesterholz. Ein Teil des Baumbestandes wird derzeit saniert, mindestens 40 Alteichen sollen jedoch als Naturdenkmäler erhalten bleiben.

Im Umgang mit der Falkenburg beschritt Pauline im wahrsten Sinne des Wortes ganz neue Wege: Sie ließ große Mengen an Steinen von der Burg abtransportieren, um sie für den Bau einer Straße zu verwenden, die über die „Gauseköte" führte – einen Gebirgspass zwischen Detmold und Paderborn. Allerdings: Die Falkenburg war schon seit dem 16. Jahrhundert nur noch eine unbewohnte Ruine und wurde keineswegs zum ersten Mal als Steinbruch missbraucht. Der Verfall hatte eingesetzt, seitdem die lippischen Herrscher lieber in Detmold residierten, wo man noch heute mitten in der Stadt das landesherrliche Schloss bewundern kann.
Es war eine stolze Geschichte, die mit der Falkenburg in Trümmern lag. Der Bau war um 1190 von Bernhard II. zur Lippe begonnen worden, einem berühmten Adligen der Stauferzeit, den man häufig an der Seite so mächtiger Herren wie Heinrich dem Löwen oder Kaiser Friedrich Barbarossa sah. Da Bernhard im Alter allerdings Mönch und später auch noch Bischof wurde, führte sein Sohn Hermann den Burgenbau weiter. Unter ihm entstand auf dem Falkenberg eine der größten mittelalterli-

„Ik sag meinen Heren von Falkensteen
To siner Borg op rieden.
En Schild förte he beneben sik her,
Blank Swerd an siner Sieden (...)"

(Ich sah meinen Herrn von Falkenstein
zu seiner Burg aufreiten.
Den Schild führte er neben sich,
das Schwert an seiner Seiten.)

Das Lied des „Herrn von Falkenstein"

chen Festungen Westfalens, die mit ihrer mächtigen Ringmauer und ihren vorgelagerten Bastionen als uneinnehmbar galt. Dafür eignete sie sich aber umso besser, um Gefangene festzuhalten. Das musste 1404 Herzog Heinrich von Braunschweig-Lüneburg leidvoll erfahren, der mitsamt einem Gefolge von 100 Mann erst gegen ein hohes Lösegeld wieder freikam. Bei einem anschließenden Rachefeldzug scheiterte aber auch er bei dem Versuch, die Falkenburg einzunehmen.

In den letzten Jahrzehnten lag die Ruine der Falkenburg weitgehend unbeachtet in tiefem Dämmerschlaf. Nur der Zahn der Zeit arbeitete unverdrossen weiter – mit fatalen Folgen, denn das kostbare Bodendenkmal wurde nach und nach immer instabiler. Bis eine Initiative des lippischen Radiomoderators und Musikers Arne Heger 2004 zur Gründung des Vereins „Die Falkenburg e.V." führte, der seitdem für umfassende Sicherungs- und Ausgrabungsarbeiten gesorgt hat.

Dabei wurden nicht nur verschüttete Mauerabschnitte von bis zu 2,80 Metern Höhe freigelegt, sondern teilweise auch neue Aufmauerungen vorgenommen, damit Besucher das Ruinenplateau künftig wieder gefahrlos betreten können. Wenn die Arbeiten einmal abgeschlossen sind, wird die Falkenburg ein attraktives touristisches Ziel und zugleich ein stimmungsvoller Ort für Kulturveranstaltungen sein. Bis dahin gibt es allerdings noch viel zu tun: Derzeit ist das Betreten der Anlage für Unkundige noch immer lebensgefährlich und daher nur bei Führungen gestattet.

Informationen

Das Gelände kann bei Führungen besucht werden.
Kontakt:
Falkenburg e. V.
Volkwinstraße
32758 Detmold
www.falkenburg-lippe.de

Kinder

- Kinderführungen

Die NRW-Stiftung half bei der Bestandssicherung und Restaurierung der Ruine „Falkenburg" in Detmold.

Im modernen Infozentrum an den Externsteinen erfahren Besucher mehr über die außergewöhnliche Felsformation in der Nähe von Detmold.

9 EXTERNSTEINE

Vor rund 70 Millionen Jahren wurden die Externsteine durch gewaltige geologische Verschiebungen und lange Erosionsprozesse geformt. Wie die Mauern und Türme einer riesigen Festung ragen ihre vier Hauptfelsen empor – selten ist die Natur als Baumeisterin perfekter zu Werke gegangen. Aber auch die Menschen blieben nicht untätig. Sie schlugen Grotten in das Gestein und schmückten es mit Reliefs und Inschriften. Sie meißelten unter einem künstlichen Bogen ein sarkophagartiges Grab aus und krönten den höchsten Felsen mit einer kapellenartigen Kammer samt Altarnische und einer runden Fensteröffnung.

Doch wozu das alles? Hat man es an den Externsteinen tatsächlich, wie so oft zu lesen, mit einem heidnischen Heiligtum zu tun, einer zentralen Kultstätte der Germanen? Wissenschaftler sehen das anders. Sie interpretieren Grotten, Kammern und Steinsarg als christliches „Heilig-Grab-Ensemble" – eine in natürlichen Fels gehauene Gedenkstätte für das Grab Jesu Christi mit der Kreuzauffindungsgrotte und dem Felsen Golgatha. Die einzelnen Teile entstanden vermutlich über einen langen Zeitraum hinweg, die gesamte Gestaltung dürfte Mitte des 12. Jahrhunderts mit dem großen Kreuzabnahmerelief

Gesicherte Treppenaufgänge führen auf die Externsteine hinauf.

an der Nordseite der Externsteine abgeschlossen worden sein.

Die Vorstellung von der germanischen Kultstätte beflügelt trotzdem immer noch die Phantasie vieler Menschen. So war es schon im 19. Jahrhundert, als man die Germanen noch ganz unbefangen für die „ersten Deutschen" hielt. Viele Nationalbewusste bedauerten es damals, dass ihre germanischen Vorfahren keine Bauwerke von historischer Größe hinterlassen hatten – so wie die Tempel im Rom der Cäsaren oder die Kathedralen im Rom der Päpste. Doch vielleicht war ja zumindest die natürliche Felsenburg der Externsteine von den Germanen wie eine Art Tempel genutzt worden? Schließlich lag sie im vermeintlichen Kerngebiet aller germanischen Triumphe, im Teutoburger Wald, wo der Tradition nach im Jahr 9 n. Chr. der Cherusker Arminius die Römer vernichtend geschlagen hatte.

Das christliche Bildprogramm, das solchen Überlegungen entgegenstand, wurde nun als absichtsvolle Überformung der ursprünglich heidnischen Anlage gedeutet. Hauptverdächtiger dafür war Karl der Große, der das Christentum mit dem Schwert verbreitet und dabei auch heidnische Glaubenssymbole der Germanen zerstört hatte. Doch leider kommt Karl als Auftraggeber etwa für das Kreuzabnahmerelief schwerlich infrage, denn er war schon über 300 Jahre tot, als es entstand. Nüchtern betrachtet muss man fest-

SEHENSWERT

Burg Horn

Bis zur Eröffnung des neuen Infozentrums direkt an den Felsen war das Museum Burg Horn die zentrale Ausstellung zu den Externsteinen. Die etwa einen Kilometer entfernte Wehranlage ist nach wie vor einen Besuch wert: Ein sehr aktiver Verein hält Bau, Museum und Park bestens in Schuss.

■ Informationenen
www.burgmuseum-horn.de
geöffnet zwischen Ostern und Allerheiligen,
Di-So 14-16 Uhr

Die Ausblicke von den Felsen sind atemberaubend – vor allem der Blick in die Tiefe.

stellen, dass über die Externsteine in vorchristlich-germanischer Zeit gar nichts bekannt ist. Schriftliche Quellen fehlen, und bei keiner archäologischen Nachforschung ist es bisher gelungen, wissenschaftlich einwandfreie Hinweise auf eine germanische Anwesenheit zu finden.

In den 1920er Jahren wurde die Idee von den „germanischen Externsteinen" durch den lippischen Lokalpatrioten Wilhelm Teudt stark verbreitet, der im Dritten Reich mit den Nationalsozialisten zusammenarbeitete. SS-Chef Heinrich Himmler goss das germanenbegeisterte Wunschdenken dabei in völlige politische Willkür um: Ab 1937 blieben Veröffentlichungen, die Zweifel an dem Kult rund um die Felsen hätten säen können, schlicht untersagt. Besucher wurden stattdessen zur Ruhe am angeblichen „Heiligtum der Ahnen" ermahnt, Juden und sogenannten „Judengenossen" verwehrte man schon seit 1935 den Zutritt.

Die Externsteine locken heute Jahr für Jahr eine halbe Million Besucher an. Schon im frühen 19. Jahrhundert wurden sie ein beliebtes Ausflugsziel, 1817 genoss hier zum Beispiel der berühmte Germanist und Märchensammler Wilhelm Grimm die Aussicht. 1836 staute man den Wiembeckebach am Fuß der Felsen zu einem Teich auf, dessen malerischer Anblick für den Tourismus auch heute noch förderlich ist. An Besuchermangel litten die Externsteine aber eigentlich nie, denn bereits im Mittelalter führte ein wichtiger Fernhandelsweg an ihnen vorbei. Fürstin Pauline zur Lippe ließ seine Trasse um 1810 direkt zwischen die Felsen verlegen – mit kuriosen Folgen ein Jahrhundert später: Von 1912 bis 1935 ratterte die Straßenbahnlinie von Detmold nach Paderborn auf eben dieser Trasse mitten durchs „Heiligtum!“

Nach dem Zweiten Weltkrieg dienten die Externsteine mehrfach als schaurig-schöne Filmkulisse, während die Spekulationen um ihre Geschichte weitergingen. Neben den Germanenverehrern alter Prägung meldeten sich nun auch Keltenfans, Esoteriker und die Verkünder vorzeitlicher Globalkulturen zu Wort. Natürlich kann man die Frage, ob die Externsteine ein „Ort der Kraft“ sind, getrost dem Empfinden jedes Einzelnen überlassen. Ab und zu ist allerdings gesunder Menschenverstand gefragt. Denn dass ausgerechnet eine Felsengruppe im Lipperland Teil eines prähistorischen „kosmischen Vermessungsdreiecks“ gewesen sein soll, zu dem auch die Kanarischen Inseln und die Cheopspyramide in Ägypten gehörten – solche Theorien sind im wahrsten Sinne des Wortes phantastisch.

Die Externsteine liegen inmitten eines 1926 eingerichteten Naturschutzgebietes und umfassen neben den berühmten Hauptfelsen noch weitere Blöcke, die sich im angrenzenden Wald verlieren. Als einzigartige Zeugen der Erdgeschichte, aber auch als Lebensraum für seltene Pflanzen und Tiere wurden die Felsen und ihre

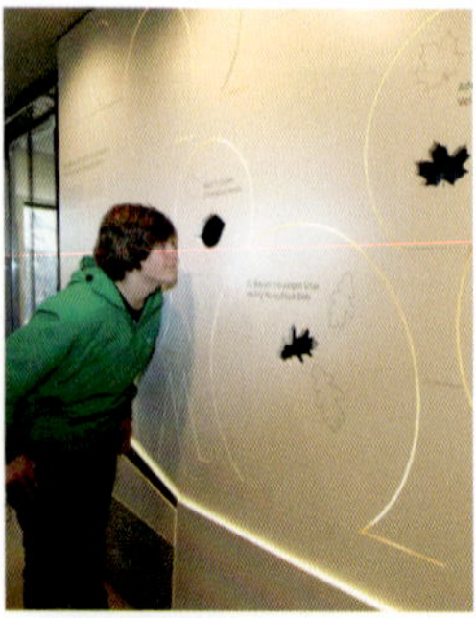

Umgebung in das Schutzgebietsystem „Natura 2000"-Programm der Europäischen Union aufgenommen. Dem Naturschutz steht der Ansturm der Ausflügler und Bewunderer allerdings oft entgegen. Insbesondere bei Sonnenwendfeiern und in der Walpurgisnacht strömen immer wieder Anhänger neuheidnischer Weltanschauungen zusammen. Trommeln und tanzen sind dabei zu tolerieren, offene Feuer, Alkoholexzesse und Drogenkonsum haben hingegen den Landesverband Lippe auf den Plan gerufen, unter dessen Verwaltung die Externsteine heute stehen. Er setzt aber nicht allein auf Verbote, sondern vor allem auch auf Information. Im neuen Infozentrum Externsteine wird daher sachlich und neutral vermittelt, dass die berühmten Felsen ein empfindliches Geschenk der Natur sind – und kein mythologischer Action-Park.
Eröffnet wurde das Informationszentrum im Januar 2011. Auf rund 200 Quadratmetern erfährt der Besucher hier alles Wissenswerte über Natur und Geschichte einer der größten Sehenswürdigkeiten in NRW. Ein spannendes multimediales Angebot ermöglicht es unter anderem, historische Filmdokumente abzurufen. Man sieht zum Beispiel die alte Straßenbahn zwischen den Externsteinen hindurchrollen oder erlebt die Felskulisse als heimlichen Star von Horrorfilmproduktionen. Kinder können ihre eigenen Erkundungen machen, bei denen ihnen auf den Erläuterungstafeln immer wieder die Comicfigur „Steini" begegnet.

Informationen

Die Externsteine befinden sich im Tal der Wiembecke bei Horn-Bad Meinberg im Kreis Lippe.
Infozentrum:
Externsteiner Str. 35
32805 Horn-Bad Meinberg
Tel. 05234 / 202 97 96
www.landesverbandlippe.de

Öffnungszeiten:
April bis Oktober:
täglich 10-18 Uhr
November bis März:
10-16 Uhr.

Kinder

- Kinderführungen

Die NRW-Stiftung beteiligte sich an der Einrichtung eines Informationszentrums an den Externsteinen in Horn-Bad Meinberg.

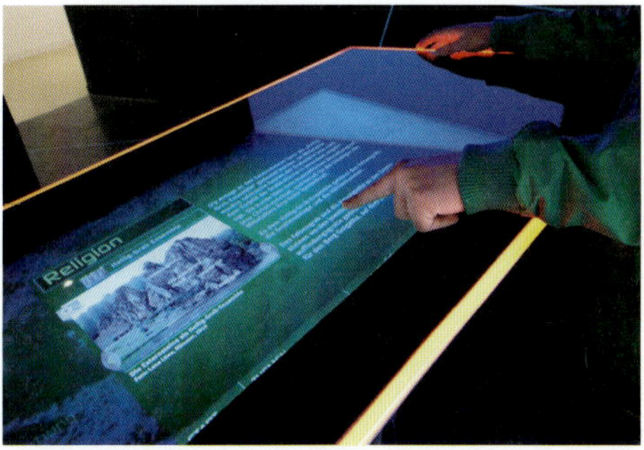

10 PAPIERMÜHLE PLÖGER

Nach zehn Jahren intensiver Restaurationsarbeiten vermeldeten der Heimatverein Schieder und die Eigentümerfamilie Plöger am 30. Mai 2001 stolz: Die Maschinen der Papiermühle Plöger – und damit eines der bedeutendsten technischen Kulturdenkmäler Nordrhein-Westfalens – laufen wieder. Ehrenamtliche Helfer aus Verein und Eigentümerfamilie hatten die Papiermühle mit finanzieller Unterstützung der NRW-Stiftung, des Landschaftsverbandes Westfalen-Lippe sowie der Stadt Schieder-Schwalenberg in jahrelanger Kleinarbeit wieder instand gesetzt.
Noch bis 1989 wurden in der Niesetaler Mühle vorwiegend Aktenordner produziert. Da eine große Zahl der damaligen Maschinen erhalten ist, haben Besucher heute die Möglichkeit, den Prozess der Papierentstehung an 22 Stationen hautnah mitzuerleben, mehr über Spindelpressen, Lumpenschneider, Kollergänge und Trockenstoffbütten zu erfahren und weshalb man zur Papierherstellung einen „Holländer“ braucht. Auf den Einsatz von Elektromotoren wird traditionsgemäß verzichtet, denn angetrieben wurden die Mühlräder schon um 1900 durch das Wasser der Niese und heute nicht zuletzt den Schweiß der vielen tatkräftigen Helfer. Als die Mühle geschlossen wurde, stellten die Eigentümer sie als Technisches Museum zur Verfügung. Bis es so weit war, mussten die Helfer allerdings so einige Male am (Mühl-)Rad drehen.

Informationen
Papiermühle Plöger
Im Niesetal 11
32816 Schieder-Schwalenberg
Tel. 05282 / 60 -171 oder -172 (Tourismus Info)
www.papiermuehle-ploeger.de

Öffnungszeiten:
Mitte Mai bis Ende Oktober:
Sa 15-17 Uhr
So 10-12 & 15-17 Uhr
Außerhalb der Öffnungszeiten nach telefonischer Vereinbarung

Die ehemalige Papiermühle Plöger in Schieder-Schwalenberg wurde mithilfe der NRW-Stiftung umfassend saniert.

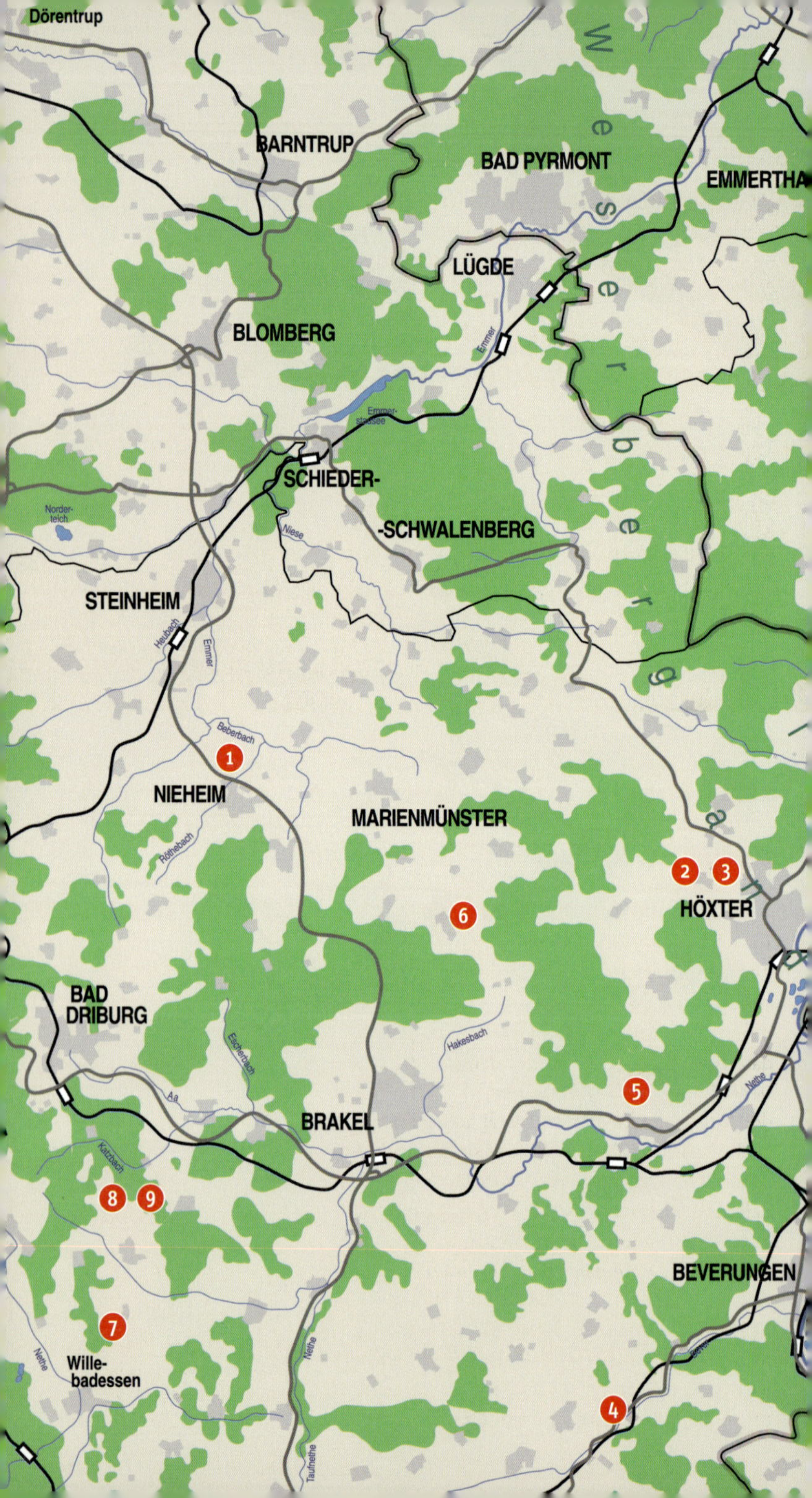

Dörentrup
BARNTRUP
BAD PYRMONT
EMMERTHA
LÜGDE
BLOMBERG
Emmer
Emmer-stausee
SCHIEDER-
-SCHWALENBERG
Norder-teich
Niese
STEINHEIM
Heubach
Emmer
Beberbach
1
NIEHEIM
Röthebach
MARIENMÜNSTER
2
3
HÖXTER
6
BAD DRIBURG
Hakesbach
Escherbach
Aa
5
Nethe
BRAKEL
Katzbach
8
9
BEVERUNGEN
7
Nethe
Willebadessen
Nethe
4
Taufnethe
Weserbergland

RUND UM HÖXTER

HOHE BRÜCKE, TIEFES MOOR

Im östlichsten Zipfel von Nordrhein-Westfalen liegt das Städtchen Höxter, eine alte Handelsstadt am Hellweg, aber auch ein geistig-kulturelles Zentrum mit Schloss und Kloster Corvey, das etwa 815 anderswo gegründet und 822 an seinen jetzigen Standort verlegt wurde. Die Krypta der Klosterkirche stammt noch aus dieser Zeit, große Teile der übrigen Anlage sind barock. Ansonsten ist der prägende Baustil in der gut erhaltenen Altstadt von Höxter die Weserrenaissance. Wer sie erleben will, kann dies auch auf ungewöhnlichem Wege tun: Bei einem Stadtspaziergang mit Jost Ziegenhirt, einer historischen Persönlichkeit aus der Zeit des Dreißigjährigen Krieges, die von einem Schauspieler dargestellt wird. Ziegenhirt war Bäcker und Bremenfahrer und einer der reichsten Bürger Höxters, der eine

Bild oben:
Der Eisenbahn-Viadukt von Altenbeken ist die größte Kalksandstein-Brücke Europas.

Menge Geschichten und Anekdoten zu erzählen hat. Heute ist Höxter vor allem ein modernes Zentrum des Natur-Erlebens. Der Kreis Höxter ist der am dünnsten besiedelte in NRW, hier hat die Natur eine Menge Platz. Erlebbar wird sie unter dem Titel „Erlesene Natur“ auf mehr als einem Dutzend markierter Wege wie dem „Schmetterlingspfad“, der zu den Blumenwiesen in der idyllischen Netheaue führt. Rund 40 Tagfalterarten sind hier heimisch, die man ab Mai beobachten kann.

Für Vogelfreunde ist der Erlebnis-Wanderweg rund um die Ruine der Iburg bei Bad Driburg die bessere Wahl: „Zu Gast beim Zimmermann des Waldes“ heißt die Tour, die auf den luftigen Höhen des Eggegebirges durch schattigen Buchenwald führt. Insbesondere geht es hier um den Schwarzspecht, einen lauten Vogel. Nicht nur schlägt er seine Trommelwirbel auf Holz, er beherrscht auch eine Reihe von durchdringenden Rufen, die mehr als einen Kilometer weit zu hören sind. Was die Brutgebiete angeht, ist er wählerisch, er bevorzugt sehr alten Buchenbestand, den er hier findet. Bis zu 40 Meter hoch

Themen-Wanderwege helfen, Zusammenhänge der Natur besser zu verstehen.

sind die Bäume – sie bilden Hallenwälder, die an das Innere gotischer Kathedralen erinnern. Dass es nicht zu andächtig und weihevoll wird, dafür sorgt dann aber schon der Specht.

Die Iburg (nicht zu verwechseln mit Schloss Iburg im Landkreis Osnabrück) war ursprünglich eine frühmittelalterliche Wallburg, von der manche Forscher annehmen, sie sei im späten 8. Jahrhundert von Karl dem Großen erobert worden. Dass hier sogar das sagenumwobene sächsische Heiligtum – die Irminsul – gestanden haben soll, bleibt aber reine Spekulation. Auf dem Gelände der etwa vier Hektar großen Wallanlage entstand viele Jahrhunderte später eine hochmittelalterliche Burg, die der Paderborner Bischof Bernhard II. nach 1189 errichten ließ. Die Ruinen dieser im Jahr 1444 zerstörten und nicht wieder aufgebauten Feste wurden seit 1860 nach und nach freigelegt. Heute sind sie für Besucher jederzeit zugänglich. Im Jahr 1904 baute man den „Kaiser-Karls-Turm", einen 18 Meter hohen Aussichtsturm, der einen sehr schönen Blick über Bad Driburg und seine Umgebung bietet.

Rund um das Heilbad gibt es Rundwanderwege, die auch die geologischen Besonderheiten der Egge zeigen. Unter anderem lässt sich erfahren, wie Mineral- und Heilwässer entstehen.

Wer noch einen ganz anderen Blick auf die Landschaft werfen will: Im historischen Güterbahnhof von Bad Driburg hat eine Gruppe von Enthusiasten die „Modellbundesbahn" gebaut, eine H0-Anlage, die Driburg und Umgebung während der 1970er-Jahre zeigt. Für Fans der „großen" Eisenbahn ist die Region auch ein Anziehungspunkt: Der Eisenbahn-Viadukt von Altenbeken ist die größte Kalksandsteinbrücke Europas. Mitte des 19. Jahrhunderts erbaut, ist sie immer noch in Betrieb und ein höchst beliebtes Fotomotiv – vor allem dann, wenn eine historische Dampflok die fast 500 Meter lange Brücke überquert. Wer einen der seltenen Termine verpasst: Die Altenbekener Eisenbahnfreunde betreiben im Schatten des Viadukts ein kleines Museum, das auch eine historische Lok zeigt.

Für sein heilkräftiges Moor ist Bad Driburg bekannt, das mal zum besten Kurort Nordrhein-Westfalens gekürt wurde.

Das Westfälische Galmei-Veilchen wächst weltweit nur im südlichen Eggegebirge bei Lichtenau.

„Über Peter Hille etwas zu sagen, ist sehr schwer. Am liebsten nähme ich den lieben alten Kerl her, stellte ihn auf den Tisch und sagte: Das ist Peter Hille! – Dann würde jeder wissen, was mit ihm los ist.“

Erich Mühsam, 1904, im „Neuen Magazin für Literatur, Kunst und soziales Leben“

1 HILLE-HAUS

Es hätte Peter Hille (1854–1904) wohl sehr gefallen, sein Geburtshaus in Nieheim-Erwitzen als die kleine „literarische Gedenk- und Begegnungsstätte“ zu erleben, die es heute ist. Der Weg dahin jedoch war wie so oft ein steiniger: Denn die so genannte „Einklasseschule“ aus dem vorigen Jahrhundert musste viele Jahrzehnte als eine Art dörflicher „Abstellkammer“ oder Notquartier herhalten. Auch fraß der Zahn der Zeit unaufhaltsam am Fachwerk, das massiv vom Schwamm befallen war. Schäden, die im Laufe einer umfangreichen Restaurierung nach und nach zu Tage traten – und dank der NRW-Stiftung und auf Initiative der Peter-Hille-Gesellschaft in mühevoller Kleinarbeit behoben werden konnten. Heute finden im Hille-Geburtshaus Konzert- und Theateraufführungen statt, werden Lesungen und Vorträge gehalten und lädt die Gesellschaft im September eines jeden Jahres zum „Peter-Hille-Wochenende“. Führungen durch das Geburtshaus sind nach vorheriger Anmeldung ebenfalls möglich.
Erstmalig 2007 vergeben wurde zudem der

SEHENSWERT

Weber-Gedenkstätte Nieheim
Geboren wurde er in Alhausen, heute ein Ortsteil von Bad Driburg, seine letzten Lebensjahre jedoch verbrachte der Heimatdichter Friedrich Wilhelm Weber (1813-1894) im Landstädtchen und heilklimatischen Kurort Nieheim. Als „Sänger von Dreizehnlinden“ stieg er auf zu den bekannteren Dichtern aus Westfalen. Sein gleichnamiges Epos erzählt in 25 Gesängen in vierhebigen Trochäen die Liebesgeschichte des Sachsen Elmar und der Christin Hildegunde; Schauplatz ist die Abtei Corvey. Webers Wohnhaus in Nieheim diente bis 2011 dem Kolping-Bildungswerk Paderborn als Standort. Sein Vermächtnis finden seine Anhänger auf seinem Grabkreuz im Ort: „Und schlaf‘ ich längst schon unter Friedhofslinden, das sollst du stets bewahren im Gedächtnis als meiner Liebe teuerstes Vermächtnis: Es ist kein Heil, als nur im Kreuz zu finden.“
Sein Geburtshaus in Bad Driburg-Alhausen beherbergt heute ein Museum.

■ Informationen
www.friedrich-wilhelm-weber-gesellschaft.de

„Nieheimer Schuhu. Peter-Hille-Literaturpreis“: Damals an den Schriftsteller und Kabarettisten Erwin Grosche aus Paderborn. 2010 erhielt Fritz Eckenga aus Dortmund den zweiten „Nieheimer Schuhu“. Ausgelobt als regionaler Literaturpreis wird der Schuhu ausschließlich an Personen verliehen, die „in Westfalen geboren wurden, in Westfalen leben oder deren Werk einen besonderen Bezug zu Hille und Westfalen aufweist“. Der Name der Auszeichnung, die alle drei Jahre verliehen wird, erinnert an Hilles „Lieder des betrunkenen Schuhu“, die er für sein Berliner „Kabarett zum Peter Hille“ dichtete. Der Schuhu ist der mythische König der Nachtvögel. Peter Hille war ein Meister spontaner Sprachkunst und schrieb bevorzugt Aphorismen, Gedichte und Kurzprosa. Ein Teilnachlass seiner Arbeiten befindet sich in der Handschriftenabteilung der Stadt- und Landesbibliothek Dortmund.

Informationen

Peter-Hille-Geburtshaus
Erwitzen
Peter-Hille-Gesellschaft
Am Enskeberg 13
33039 Nieheim
Tel. 05274 / 404
www.peter-hille-gesellschaft.de

Im Geburtshaus des Dichters Peter Hille in Nieheim-Erwitzen konnte mit Unterstützung der NRW-Stiftung eine Dauerausstellung zu Leben und Werk Hilles eingerichtet werden.

2 FORUM JACOB PINS

Der Adelshof „Heisterman von Ziehlberg" in Höxter wurde 1512 erstmals schriftlich erwähnt – mit dem Hinweis, es sei notwendig, ihn baulich wieder herzurichten. Fast 500 Jahre lang trotzte die mehrfach erneuerte Anlage denn auch dem Zahn der Zeit. Zu Beginn des 21. Jahrhunderts aber schien sie nach 25 Jahren Leerstand endgültig dem Verfall preisgegeben. Das änderte sich erst, als der Jerusalemer Maler Jacob Pins der Stadt Höxter, in der er 1917 geboren worden war, einen großen Teil seiner Werke vermachte. Im April 2008 eröffnete in dem alten Adelshof das „Forum Jacob Pins". Es zählt bereits jetzt zu den wichtigsten Kultureinrichtungen Höxters.
Die Hofanlage Heisterman von Ziehlberg gehörte im 16. Jahrhundert dem nahe bei Höxter gelegenen Kloster Corvey, das damit seinen höchsten weltlichen Würdenträger, den corveyischen Kanzler, belehnte. Mit ihren drei Fachwerkgebäuden vermittelt uns die Anlage heute

Der Adelshof, der im 16. Jahrhundert zum Kloster Corvey gehörte, wurde 1988 unter Denkmalschutz gestellt.

ein Bild davon, wie die städtischen Adelshöfe Höxters im 16. und 17. Jahrhundert aussahen, als die so genannte „Weserrenaissance" für eine außergewöhnliche Baublüte im Weserraum sorgte – vom Fachwerkhaus bis hin zum repräsentativen Schlossbau. 1988 wurde der Adelshof unter Denkmalschutz gestellt, doch zu einer Sanierung kam es nicht, weil es an geeigneten Nutzungskonzepten fehlte. Nach langen Jahren gescheiterter Ideen hätte man in Höxter zuletzt wohl am allerwenigsten daran geglaubt, dass die Rettung der Anlage schließlich sogar mit der Eröffnung einer Kunstausstellung von internationalem Rang einhergehen würde.

Ohne Jacob Pins, der 1917 als Sohn einer jüdischen Familie in Höxter geboren wurde, hätte es diese überraschende Wende auch nicht gegeben. 1936 war Pins als 19-Jähriger nach Palästina ausgewandert, um sich vor den in Deutschland begangenen NS-Verbrechen gegen die Juden zu retten. In Israel wurde er heimisch und verwirklichte dort mit einer erfolgreichen künstlerischen Karriere als Maler und Sammler auch seinen beruflichen Lebenstraum. 1959 kam Pins zum ersten Mal wieder nach Höxter: „Ich musste dahin, ich hatte das Gefühl, ich hätte dort meine

SEHENSWERT

Modellbundesbahn

Ottbergen, bis in die 1970er-Jahre ein bedeutender Eisenbahnknotenpunkt, ist der wahrscheinlich einzige komplett im Maßstab 1:87 dargestellte Ort Deutschlands. Zu sehen ist die Miniatur-Nachbildung im nahen Bad Driburg – in der dortigen Modellbundesbahn im historischen Güterbahnhof.

■ Informationen

Modellbundesbahn
im historischen
Güterbahnhof
Brakeler Straße 4
33014 Bad Driburg
Tel. 05253 / 93 40 84
www.modellbundesbahn.de

Kindheit, meine Jugend verloren. Insgeheim, in meinem Schädel, wusste ich, dass das Blödsinn war, aber mein Herz sagte mir: Ich muss es noch einmal sehen." So erklärte er es dem Schriftsteller Ralph Giordano, der darüber in seinem Buch „Israel, um Himmels willen Israel" berichtet hat. Auf die erste vorsichtige Annäherung folgten weitere Besuche und freundschaftliche Kontakte sowie Ausstellungen von Pins' Bildern in Höxter und Corvey. 2002, drei Jahre vor seinem Tod, entschloss sich der Maler dann, einen großen Teil seiner Werke der Stadt Höxter ganz zu überlassen. Er widmete diese Stiftung dem Andenken seiner Eltern, die anders als er selbst dem NS-Terror nicht hatten entkommen können und 1944 im Rigaer Getto ermordet worden waren. In Höxter begriff man sofort, dass für die große Anzahl an bedeutenden Gemälden, Aquarellen, Druckstöcken und Holzschnitten eine angemessene Präsentationsmöglichkeit gefunden werden musste. Der Hof Heisterman von Ziehlberg sollte als „Forum Jacob Pins" eine neue Funktion erhalten. Die 2003 gegründete Jacob Pins Gesellschaft sorgte für eine gesicherte Finan-

■ Der Heistermann-von-Ziehlbergsche Adelshof konnte mithilfe der NRW-Stiftung restauriert und umgebaut werden. Die Stiftung unterstützte auch die Einrichtung des „Jacob Pins-Forum" als Ausstellungsort.

Neben Werken von Jacob Pins beleuchtet das Forum die deutsch-jüdische Geschichte in Höxter.

zierungsgrundlage, zu der auch die NRW-Stiftung einen Anteil beisteuerte. Wie stark das Projekt im Bewusstsein der Höxteraner verankert war, zeigte sich in einer überaus großen Spendenbereitschaft. Die architektonische und grafische Gestaltung des Forums wurde von Cornelia Lange und Christoph Grüder übernommen – beide ehemalige Schüler des „KWG“, des König-Wilhelm-Gymnasiums, das auch Jacob Pins von 1927 bis 1933 besucht hatte.
Heute findet man in dem alten Adelshof an der Westerbachstraße neben Bildern von Pins – der 2003 Ehrenbürger von Höxter wurde – auch Ausstellungen mit Werken anderer zeitgenössischer Künstler. Zusätzlich dokumentiert das Forum die Geschichte des Adelshofes selbst und beleuchtet die deutsch-jüdische Geschichte in Höxter. Nicht zuletzt erinnert es an die vielen vom Nationalsozialismus verursachten tragischen Schicksale jüdischer Bürger.

Jacob Pins vermachte einen großen Teil seiner Werke der Stadt Höxter. Er widmete die Stiftung dem Andenken seiner Eltern.

Informationen
Forum Jacob Pins
im Adelshof
Westerbachstr. 35-37
37671 Höxter
Tel. 05271 / 694 74 41
www.jacob-pins.de

Öffnungszeiten:
Di-Fr 10-18 Uhr
Sa/So 10-16 Uhr

3 SCHLOSS CORVEY

Im Schloss Corvey in Höxter konnten mithilfe der NRW-Stiftung verschiedene Räume des Museumsbereiches saniert und ein wertvoller Reliquienschrein restauriert werden.

Weithin sichtbar ragen die mächtigen Türme oberhalb des karolingischen Westwerks über der Weser empor. Sie gehören zur ehemaligen Reichsabtei, die in unmittelbarer Nachbarschaft der Stadt Höxter idyllisch am Weserbogen liegt. Das barocke Schloss verbindet noch heute das Klösterliche mit dem Weltlichen, und es gilt als beliebtes Ausflugsziel und kultureller Mittelpunkt der Region. Für die Zukunft des prächtigen Bauwerks haben die „Corveyer“ noch viel vor: Die bedeutende Anlage mit ihrer 1200-jährigen Geschichte bewirbt sich um die Aufnahme in das Weltkulturerbe der UNESCO.
Ludwig der Fromme, Sohn Karls des Großen, gründete das Kloster 815, sieben Jahre später

wurde es hierher verlegt. Er schenkte der neuen Abtei auch die „villa huxori“, aus der die heutige Kreisstadt Höxter geworden ist. Durch die strategisch günstige Lage am Hellweg, der das Rheinland mit den östlich gelegenen Märkten verband, entwickelte sich Corvey im 9. und 10. Jahrhundert zu einem bedeutenden wirtschaftlichen und geistigen Zentrum Nordeuropas: Von hier aus begann die Christianisierung bis ins ferne Skandinavien. Noch heute spiegelt das in ganz Europa einmalige Westwerk aus dem 9. Jahrhundert Glanz und Macht der damaligen Zeit wider. Es gilt als „Heiligtum Westfalens“. Die Architektur des karolingischen Baus ist streng und schlicht. Corvey wurde von zahlreichen deutschen Kaisern besucht, der prunkvolle Kaisersaal zeigt eine stattliche Sammlung mit 20 Porträts der

Schloss Corvey: Die bedeutende Anlage mit ihrer 1200-jährigen Geschichte bewirbt sich um die Aufnahme in das Weltkulturerbe der UNESCO.

römisch-deutschen Machthaber. Doch als die guten Beziehungen zum jeweiligen Herrscherhaus nachließen und dann auch noch der strategisch günstige Hellweg weiter nach Norden verlegt wurde, endete die Blütezeit der Reichsabtei. Während des Dreißigjährigen Krieges erlitten Corvey und Höxter große Zerstörungen.

Die heutige barocke Anlage des Klosters entstand in der zweiten Hälfte des 17. Jahrhunderts. Fürstabt Florenz von dem Felde (1696–1714) versuchte an den alten Glanz anzuknüpfen, was jedoch nur teilweise gelang. Zwar hatte Corvey seine einstige Bedeutung verloren, aber das Kloster blieb reichsunmittelbare Abtei. Als Landesherr des umliegenden „Corveyer Landes“ hatte der jeweilige Abt bis zur Säkularisation auch die weltliche Macht inne. 1803 wurde das geistliche Fürstentum Corvey aufgelöst. Nach vierjähriger französischer Herrschaft – Corvey war dabei dem neuen Königreich Westphalen zugeordnet worden – gelangten die Güter nach dem Wiener Kongress an Preußen.

1820 wurde Corvey Eigentum des Landgrafen von Hessen-Rotenburg. Der Landgraf vererbte die Anlage seinem Neffen, dem Erbprinzen Viktor von Hohenlohe-Schillingsfürst, der 1840 den Titel „Herzog von Ratibor und Fürst von Corvey“ annahm. Nach dem Zweiten Weltkrieg öffnete die Fürstenfamilie das Schloss für die Öffentlichkeit. In der fünften Generation ist das Herzogli-

Die reiche Innenausstattung stammt aus der Zeit des Barock.

Blick in das Innere der Abteikirche.

che Haus nun Eigentümerin der Schlossanlage. Trägerin des Museums mit Dauer- und Wechselausstellungen ist die Kulturkreis Höxter-Corvey gGmbH, eine Gesellschaft, der neben dem Fürsten von Ratibor auch die Stadt sowie der Kreis Höxter angehören.

Corvey kann ohne Zweifel mit vielen Glanzpunkten aufwarten. Dazu gehören neben dem Westwerk mit den ältesten Fresken in Westfalen auch die barocke Abteikirche, der imposante Kreuzgang mit dem romanischen Triumphkreuz und der älteste nachreformatorische Reliquienschrein Westfalens (Hl. Vitus).

Zu den Glanzlichtern zählt sicher die Privatbibliothek der Fürstlichen Familie von Ratibor mit mehr als 74.000 Bänden. Kein Geringerer als August Heinrich Hoffmann von Fallersleben war von 1860 bis 1874 Bibliothekar in Corvey. Unermüdlich sammelte er für das Herzogliche Haus Pracht- und Ansichtsbände über ferne Gegenden. Begraben ist der Sprachforscher und Liederdichter, der die letzten Jahre seines Lebens im Schloss Corvey verbrachte, auf dem angrenzenden Friedhof neben der Abteikirche.

Informationen

Schloss Corvey, Kulturkreis Höxter-Corvey GmbH
37671 Höxter
Tel. 05271 / 69 40 10
Tel. 05271 / 681 20
www.schloss-corvey.de

Öffnungszeiten:
April und Oktober:
Di-So 10-18 Uhr
Mai bis September:
Mo-So 10-18 Uhr

Kinder
www.nrw-entdecken.de

4 STEINERNES HAUS

Im Mittelalter gehörten die Mönche zu den wenigen, die Bücher besaßen – und Häuser aus Stein. Das Steinerne Haus in Borgentreich aus der Zeit um 1300 war eine solche Rarität: Das einzige Gebäude aus Stein, das es im Dorf gab. Die Zisterziensermönche des Klosters Hardehausen nutzten es über 400 Jahre lang als Zehnthaus. Die Mönche lagerten hier Getreide, Obst und Heu – das Zehntel der Ernte, das die Bauern den Brüdern als Steuer zahlen mussten.

Heute ist das Steinerne Haus in Borgentreich im Kreis Höxter wieder eine Rarität: Das Gebäude mit den wuchtigen Mauern und den kleinen Fenstern ist das älteste Haus des Ortes. Sein Gewölbe aus dem Ende des 12. Jahrhunderts gilt als ältester Keller der Region. Doch auch moderne Maßnahmen machen das Steinerne Haus zu einer Besonderheit. 1999 wurde das Gebäude saniert und gleichzeitig zu einem Niedrigenergiehaus umgewandelt. Zuvor hatte es fast 30 Jahre lang leer gestanden und war mehr und mehr verfallen.

■ Mithilfe der NRW-Stiftung konnte das Steinerne Haus saniert und als Sitz der Landschaftsstation Höxter ausgebaut werden.

Das Gebäude mit den wuchtigen Mauern und den kleinen Fenstern ist das älteste Haus Borgentreichs.

Auch innerhalb der umweltgerecht sanierten Mauern dreht sich alles um die Natur und deren Schutz. Die acht Mitarbeiter der Landschaftsstation Diemel-Weser-Egge haben ihre Büros im Steinernen Haus bezogen. Von hier aus organisieren sie Veranstaltungen, mit denen sie vor allem Kinder und Jugendliche für den Umweltschutz begeistern wollen. Gemeinsam mit den Mitarbeitern der Station kümmern sich die Nachwuchsnaturschützer zum Beispiel um alte Obstbaumwiesen.

Eine Attraktion ist der Tagesbesuch bei der Schäferin auf den Kalktriften bei Willebadessen. Die Herde weidet dort und verhindert damit, dass die Flächen wieder zuwachsen. Auf diese Weise bleiben seltene Pflanzen wie der Deutsche Enzian oder der Ackerwachtelweizen erhalten. Das Steinerne Haus beherbergt auch noch zwei Naturschutzvereine. Die Räume stehen anderen Vereinen und Gruppen außerdem für Veranstaltungen offen.

Informationen

Steinernes Haus
Zur Specke 4
34434 Borgentreich

Landschaftsstation
Tel. 05643 / 94 88 02
www.landschaftsstation.de

Kinder

- naturpädagogisches Programm
- Führungen, Workshops

5 WIEMERS-MEYERSCHER HOF

Gemeinsam mit der Pfarrkirche Hl. Kreuz prägt er den historischen Stadtkern von Höxter-Ottbergen – der Wiemers-Meyersche Hof, ein mächtiges Gebäude-Ensemble aus Bruchstein. Einstmals auch Gronefeld'scher Meyerhof genannt, wird das Gehöft ab etwa 1537 im Hausbuch der Familie Gronefeld erwähnt. Von da an gleicht seine Geschichte der so vieler anderer großer Höfe: Die Eigentümer wechseln, der Landbesitz wird parzelliert. Letzter Eigner war ab 1928 Johannes Wiemers-Meyer, der dem Hof seinen heutigen Namen gab. 1973 gingen Hof- und Gebäudefläche in den Besitz der Stadt Höxter über. Es sind drei Gebäude, die das imposante Äußere des Hofes besonders prägen: das als Gronefeld'sche Wohnhaus bekannt gewordene, mit aufwändigen Fachwerkschnitzereien verzierte Fachwerktraufenhaus; das als dreiflügelige Anlage gestaltete und symmetrisch angelegte Wirtschaftsgebäude sowie die Fachwerkscheune. Die beiden erstgenannten sowie die Hofeinfriedung wurden in den Jahren 1985 und 1988 in die Denkmalliste der Stadt eingetragen. Und wäh-

SEHENSWERT

Kloster Marienmünster
Vor der Waldkulisse des Habichtsberges, Schmiedebergs und Hungerbergs gelegen, ist das 1128 gegründete ehemalige Benediktinerkloster Marienmünster über weite Entfernungen ein eindrucksvoller Blickfang. Das einstige Kloster ist heute eine öffentliche Begegnungs- und Bildungsstätte mit musikalischem Schwerpunkt und einem ausgefeilten Konzertprogramm.

■ Informationen
Kulturstiftung
Marienmünster
Abtei 3
37696 Marienmünster
Tel. 05231 / 30 14 94
www.kulturstiftung-marienmuenster.de

rend das Wohnhaus heute als Pfarrheim und Bürgerbüro genutzt wird, hat das Wirtschaftsgebäude eine ganz besondere Wandlung erfahren: Es dient als kulturelle Begegnungs- und Veranstaltungsstätte, die mit „KuStall" kaum einen treffenderen Namen hätte finden können.
Bis zur Einweihung im Jahr 2010 war es gleichwohl ein langer Weg. Und dass ein Kulturzentrum an dessen Ende stehen würde, war so sicherlich nicht abzusehen: Die Bauweise des Wirtschaftsgebäudes lässt vermuten, dass es im späten 18. oder frühen 19. Jahrhundert entstand und als Stallung, Erntespeicher und als Wohnhaus diente. Später dann wurde es vor allem als Lagerfläche für den Bauhof Höxter der Ortschaft Ottbergen und der „Kulturgemeinschaft Ottbergen" genutzt. Bis letztere sich 2005 zur kompletten Restaurierung entschloss. Dank zahlreicher Helfer und mithilfe der NRW-Stiftung gelang der Umbau zum „KuStall". Nikolausmarkt, Konzerte und Vorführungen haben so ihren festen Veranstaltungsplatz im Ortskern gefunden. Und auch für die Fachwerkscheune wurde eine neue Nutzung gefunden: Sie wurde an die Privatbrauerei Meierhof verpachtet.

Der „KuStall" ist für Veranstaltungen mit rund 200 Teilnehmern wie geschaffen.

Informationen

Kulturelle Begegnungsstätte „KuStall" / Kulturgemeinschaft Ottbergen e.V.
Kirchwinkel, 37671 Höxter
Tel. 05275 / 98 77 50
www.kulturgemeinschaft-ottbergen.de

Die NRW-Stiftung half bei der Sanierung und dem Ausbau eines Wirtschaftsgebäudes des Wiemers-Meyerschen Hofes in Höxter-Ottbergen zur kulturellen Begegnungsstätte.

SEHENSWERT

Freilichtbühne

Es war um 1900, als der „Theaterverein Frohsinn“ erstmals zur Aufführung bat. 50 Jahre später wechselte man vor die Kulisse von Schloss Bökerhof. Heute zählt die „Freilichtbühne Bökendorf“ zu den zehn besucherstärksten unter den 84 Amateur-Bühnen im Verband deutscher Freilichtbühnen.

■ Informationen
www.freilichtbuehne-boekendorf.de

6 BÖKERHOF-MUSEUM

Der Bökerhof in Bökendorf bei Brakel war der Stammsitz der Familie von Haxthausen und im 19. Jahrhundert der Mittelpunkt des so genannten „Bökendorfer Romantikerkreises“ (1810–1834), dem unter anderem die Schwestern Jenny und Annette von Droste-Hülshoff, Jacob und Wilhelm Grimm, Clemens Brentano und Josef Görres angehörten.

Die 1989 gegründete „Bökerhof-Gesellschaft“ hat sich vor allem dem Erhalt des zweigeschossigen Herrenhauses und der dazugehörigen, nach alten Plänen wieder hergestellten Außenanlagen und Gärten verschrieben. Seit 1995 existiert auf dem Anwesen zudem das „Literaturmuseum“ der Gesellschaft, das sich in seinen Ausstellungen und Sammlungen neben der Geschichte der Familie von Haxthausen auch den philologischen Tätigkeiten des Bökendorfer Kreises widmet.

Das Zentrum des Museums bildet die große historische Halle mit der Ahnengalerie der Familie Haxthausen. Die Halle wurde ebenfalls nach alten Aufzeichnungen restauriert und gestattet in Kombination mit den übrigen Räumlichkeiten des Herrenhauses Besuchern einen Blick in die herrschaftlichen Wohnverhältnisse der Biedermeierzeit.
Besonderes Augenmerk unter den Ausstellungsstücken verdienen unter anderem verschiedene Kopien von Handschriften Annette von Droste-Hülshoffs, ein prächtiger Stiftskalender des Fürstentums Paderborn aus dem Jahr 1747 sowie ein Tafelklavier von etwa 1800, auf dem die Dichterin 1820 ihr einziges öffentliches Konzert gegeben hat.
Im Geiste eines „Hauses der kulturellen Begegnungen" stehen im Bökerhof-Museum regelmäßig Lesungen, Kammer-Konzerte und ergänzende Ausstellungen auf dem Veranstaltungsprogramm.

Informationen
Museum Bökerhof
Bökerhof
33034 Brakel-Bökendorf
Tel. 05251 / 60 30 93
www.kreis-hoexter.de

Teilbereiche von Schloss Bökerhof konnten mit Unterstützung der NRW-Stiftung als Museum und Veranstaltungsstätte ausgebaut und eingerichtet werden .

7 KALKTRIFTEN

Goldgelb leuchten Färber-Ginster und Sonnenröschen. Die rosa Blütenkerzen der Mücken-Händelwurz und die cremeweißen Köpfchen des Bergklees setzen weitere farbige Tupfer in die grüne Landschaft. Im Spätsommer, wenn der Enzian blüht, wandelt sich die Farbenpracht in ein sattes Blau-Lila. Und auch der stark gefährdete Kreuzenzian-Ameisen-Bläuling flattert dann wieder über die Kalktriften. Doch die abwechslungsreiche Landschaft im Kreis Höxter ist nicht nur Augenweide: Seit einigen Jahren weiden hier Schafe, damit die Hänge nicht mit Büschen und Bäumen zuwuchern und seltene Tiere und Pflanzen ihren Lebensraum behalten. „Kurz vor der endgültigen Vernichtung“, so düster sahen Fachleute den Zustand der Kalktriften im Kreis Höxter. Weil die Bewirtschaftung der steilen Hänge als nicht mehr rentabel galt, waren viele Parzellen brach gefallen. Die ehemals offenen Weiden wucherten mehr und mehr mit Büschen zu oder wurden mit Kiefern aufgeforstet – das sichere Ende der Artenvielfalt, die sich auf den ausgedehnten Magerrasen entwickelt hatte. Doch die Naturschützer der Landschaftsstation wollten die Kalktriften nicht aufgeben und entwickelten einen Plan: Kleine Weideflächen, die noch erhalten geblieben waren, sollten als Keimzellen für eine Regeneration dienen. Mit dem

SEHENSWERT

Bierbaums Nagel
Der wohl älteste Aussichtsturm Ostwestfalens ist im Eggegebirge bei Borlinghausen (Willebadessen) zu finden und trägt den Namen „Bierbaums Nagel“. Gebaut wurde er 1849 von Julius Bierbaum, dem Besitzer des Rittergutes Borlinghausen – auch aus sentimentalen Gründen: So konnte seine Frau, eine gebürtige Kasselerin, den Herkules auf der Wilhelmshöhe, das Wahrzeichen ihrer Heimatstadt, auch aus der Ferne sehen. 1990 wurde der Turm instand gesetzt, er dient auch heute noch als begehbarer Aussichtsturm.

■ Informationen
www.willebadessen.de

Seit einigen Jahren weiden auf den Kalktriften Schafe, damit die Magerrasen nicht mit Büschen zuwachsen.

Kauf und Tausch von Grundstücken fing es an, mit Tatkraft und vollem Einsatz ging es weiter. Der stationseigene Pflegetrupp entfernte einen Teil der Gehölzdickichte, fällte Bäume, die zu viel Schatten warfen, und sorgte für den Abtransport. Jetzt sind bereits elf Hektar Boden von störenden Sträuchern befreit, und jedes Jahr werden die blumenbunten Magerrasen wieder ein Stück größer. „In den ersten Jahren weidete auf den Flächen eine Herde von Bergschafen. Die waren ganz heiß auf das Laub der Gehölze und haben uns bestens unterstützt“, erinnert sich Frank Grawe, wissenschaftlicher Leiter der Station. Die hungrigen Mäuler sorgen beispielsweise dafür, dass Gräser wie die Fieder-Zwenke nicht überhand nehmen. Deren dichter Blätterfilz würde sich sonst wie ein Leichentuch über die artenreiche Krautschicht legen und lichtbedürftige Blumen im Keim ersticken. Außerdem verhindern die Schafe, dass Schlehen- und Weißdorngebüsche in breiter Front vorrücken. Diese Gewächse sind nämlich nur als Windschutz am Rande der Kalktriften oder als „Logenplätze“ für Vögel wie Neuntöter oder Goldammer erwünscht.
Würden die Schafe allerdings nur auf Magerrasen grasen, wären sie selbst bald ziemlich mager. Mit Hilfe der Kauf- und Tauschaktivitäten

der Naturschützer ist im Kreis Höxter jedoch ein abwechslungsreicher Mix aus Halbtrockenrasen und etwas ertragreicheren Weideflächen zusammengekommen. 300 Mutterschafe und ihre Lämmer finden also immer genug zu fressen. Damit haben die Kalktriften wieder etwas von ihrer ursprünglichen Bedeutung erlangt, denn in „Trift" steckt das Verb „treiben". Früher wurden die Schafe langsam über die Weidefläche getrieben, um ihnen nicht zuzumuten, den kargen, eiweißarmen Aufwuchs vollständig abzugrasen. Die Tiere verschmähten außerdem insbesondere bittere, hartblättrige und stachelige Pflanzen oder solche, die ätherische Öle enthielten. Auf diese Weise konnten sich typische Weideunkräuter vermehren, dennoch blieben die Flächen fast frei von Gehölzen.

Kreuzenzian.

Dank der vierbeinigen Naturpfleger finden Schmetterlinge und viele andere Insekten wieder Nahrung in den Steilhängen. So auch der Kreuzenzian-Ameisen-Bläuling, der dort ist, wo der Enzian – seine erste Raupennahrung – wächst. Und ganz nebenbei setzt der Schmetterling mit dem türkisblauen Körper auch noch weitere farbige Akzente in den Kalktriften im Kreis Höxter. Auf einem 3,5 Kilometer langen Erlebnispfad in den Kalktriften können Schmetterlingsfreunde die artenreiche Falterfauna der Region besonders gut beobachten. Vor Ort vermitteln Informationstafeln den Besuchern Wissenswertes zu den über 50 nachgewiesenen Tagfalterarten der Region.

Auch erläutern sie den Zusammenhang zwischen traditioneller Nutzung des Gebietes als Schafweide, dem Artenreichtum und den Existenzgrundlagen vieler selten vorkommender Falterarten. Ruhebänke entlang des Falter-Pfades, der ein Teilabschnitt des Hitgenheierweges ist, laden hier außerdem zum Verweilen und Entspannen ein.

Die NRW-Stiftung hat in den Kalktriften seit 2001 mittlerweile 42 Hektar Land erworben, das von den Mitarbeitern der Landschaftsstation Höxter betreut wird.

Informationen

Landschaftsstation im Kreis Höxter e.V.
Zur Specke 4
34434 Borgentreich
Tel. 05643 / 94 88 02
www.landschaftsstation.de

Die NRW-Stiftung sicherte bei Willebadessen Kalktriften für Zwecke des Naturschutzes.

Schwalbenschwanz.

Kreuzenzian-Ameisenbläuling.

8 SCHÖPFEMÜHLE DRINGENBERG

Als der Paderborner Domprobst und spätere Bischof Bernhard zur Lippe 1318–1323 Burg und Stadt auf dem Dringenberg anlegen ließ, geschah das wohl hauptsächlich unter strategischen Gesichtspunkten: Als Grenzfeste lag die Ansiedlung auf dem knapp 300 Meter hohen Dringenberg in sicherer Höhe. Naturgemäß schwierig war jedoch die Wasserversorgung auf der Bergkuppe. Über 200 Jahre lang waren die Dringenberger abhängig von zwei in den Fels getriebenen Brunnen: Der Burgbrunnen wurde von den Burgbewohnern benutzt, der so genannte Rumpelborn lieferte das Wasser für die Bürger des Orts. Eine entscheidende Wende kam 1545 durch Hermann von Viermunden. Der Landdrost, der zuvor schon für eine bessere Wasserversorgung in Paderborn gesorgt hatte, ließ im etwa 400 Meter entfernten und 70 Meter tiefer gelegenen Ösetal die Schöpfemühle bauen. Die auch als „Wasserkunst" bezeichnete Anlage war für die damalige Zeit ein technisches Meisterwerk: Mit der Welle des Wasserrades wurde eine Kolbenpumpe angetrieben, die das von

Informationen
www.schoepfemuehle.de

Die ehemalige Schöpfemühle konnte mithilfe der NRW-Stiftung wieder instandgesetzt werden.

Steinberg herangeführte Wasser den Piepengraben („Pfeifengraben") hinauf pumpte. Erst durch Holz-, später durch Bleirohre gelangte das Wasser zunächst in den großen Kump der Stadt und wurde von dort aus zu den Zapfstellen und Viehtränken geleitet. Im Jahre 1900 wurde die Wasserkunst samt Gebäude gründlich überholt, in den 1960er-Jahren jedoch setzte man auf moderne Technik und machte durch Tiefenbohrungen die alte Mühle für die Wasserversorgung des Orts überflüssig. Nach über 40 Jahren Stillstand wurde die Mühle schließlich wieder in einen betriebsfähigen Zustand versetzt.

SEHENSWERT

Höhenburg

Burg Dringenberg hat alles, was man sich von einer Burg wünscht – Wehrturm, Burggraben und einen durchaus berühmten Brunnen. Dieser liegt mitsamt seinem Räderwerk von 1835 im Burghof, hat eine stattliche Tiefe von 38,60 Metern – und eine eigene Geschichte. Der Sage nach soll der in der Burg festgehaltene Ritter Teudebert den Brunnen in den Fels getrieben haben, unter dem Versprechen, in die Freiheit entlassen zu werden, sobald er auf Wasser stoße. Doch kaum war das geschehen, traf Teudebert der Schlag. Heute ist in der Burg unter anderem ein Heimatmuseum untergebracht.

■ Informationen
www.heimatverein.dringenberg.de

9 RATHAUS DRINGENBERG

Noch heute zeugt das historische Rathaus Dringenberg, das auf dem Bergsporn eines Höhenrückens im Eggegebirge und auf gleicher Höhe zwischen Kirche und Burganlage steht, vom Selbstbewusstsein des Bürgertums. Dass dem so ist, ist jedoch alles andere als selbstverständlich. Schließlich stand das Fachwerkgebäude, das wohl im 16. Jahrhundert errichtet wurde, nach mehrfachem Besitzerwechsel und einer Vergangenheit als Rathaus mit Gefängnis und Bürgersaal, Mädchenschule, Schmiede und Wohnhaus ab 1975 leer – und war Ende der 1990er-Jahre zum Teil bereits eingestürzt.

2001 jedoch nahmen sich etliche Dringenberger Bürger des mittlerweile denkmalgeschützten Gebäudes und seiner alten Gewölbekeller an und gründeten die Initiative „Historisches Rathaus Dringenberg“. Ihr Ziel: Inmitten des historischen Ortskerns sollte das prächtige Fachwerkhaus nach den erforderlichen Instandsetzungsmaßnahmen als kulturelle Begegnungsstätte bei Ausstellungen, Versammlungen und Gesprächskreisen öffentlich zugänglich

Die Kellerräume vermitteln einen Eindruck von der Geschichte des Gebäudes.

Die Südwestansicht des historischen Rathauses.

sein. Ein Vorhaben, das auch dank der finanziellen Unterstützung der NRW-Stiftung und in vielen ehrenamtlichen Arbeitsstunden ab 2002 in die Tat umgesetzt werden konnte.
Heute hat das Haus wieder einen Spitzgiebel; auch wurden die nördliche Giebelwand rekonstruiert und die historischen Räume so originalgetreu wie möglich wiederhergestellt. Bei Erdarbeiten in der Scheune entdeckte man zudem einen alten, verschlossenen Brunnenschacht, der mittels einer Glasplatte nun wieder „Teil" des Gebäudes ist.
Das Obergeschoss des Hauses wird inzwischen vom Kulturverein „ART Driburg" für Seminare und Ausstellungen genutzt. Erdgeschoss und Keller stehen darüber hinaus für Tagungen, Feiern und als Café der Öffentlichkeit zur Verfügung.

Informationen

Heimatverein Dringenberg
Tel. 05259 / 220
www.heimatverein.dringenberg.de

Die NRW-Stiftung half bei der Restaurierung des ehemaligen Rathauses in Dringenberg, um es als kulturelle Begegnungsstätte nutzbar zu machen.

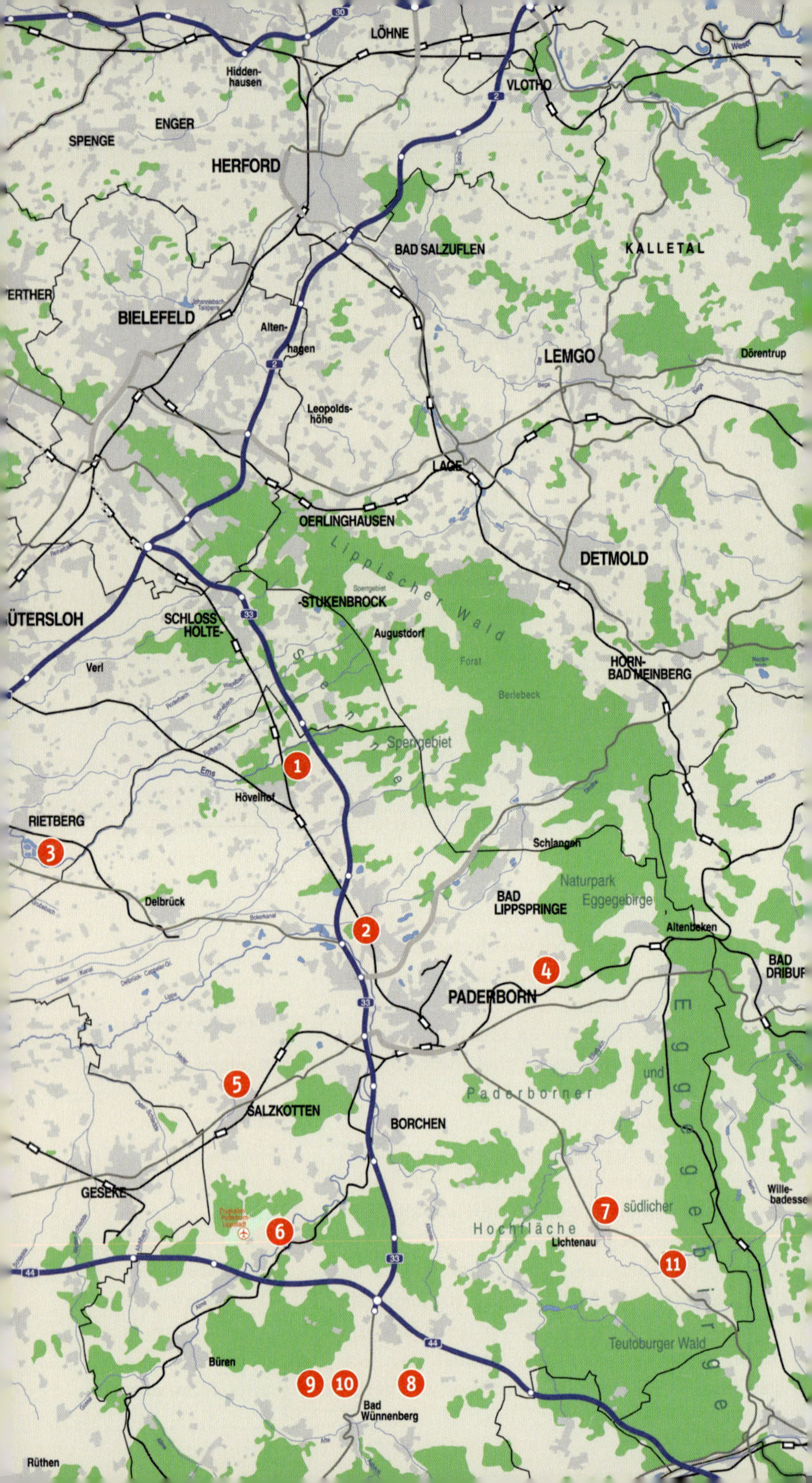
LÖHNE
VLOTHO
Hidden-
hausen
ENGER
SPENGE
HERFORD
BAD SALZUFLEN
KALLETAL
ERTHER
BIELEFELD
Alten-
hagen
LEMGO
Dörentrup
Leopolds-
höhe
LAGE
OERLINGHAUSEN
Lippischer Wald
DETMOLD
-STUKENBROCK
ÜTERSLOH
SCHLOSS
HOLTE-
Augustdorf
Forst
HORN-
BAD MEINBERG
Verl
Berlebeck
Senne
Sperrgebiet
1
Ems
Hövelhof
RIETBERG
3
Schlangen
Naturpark
Eggegebirge
BAD
LIPPSPRINGE
Delbrück
2
Altenbeken
4
BAD
DRIBUR
PADERBORN
Eggegebirge
und
Paderborner
5
SALZKOTTEN
BORCHEN
GESEKE
Wille-
badesse
7
südlicher
6
Hochfläche
Lichtenau
11
Teutoburger Wald
Büren
9
10
8
Bad
Wünnenberg
Rüthen
30
2
33
44

RUND UM PADERBORN

KAISER UND COMPUTER

Hochtechnologie und Weserrenaissance, altehrwürdige Domstadt und Multimediastandort, romanisch-gotischer Dom und das größte Computermuseum der Welt: Mittelalter, Gegenwart und Zukunft sind in Paderborn mitunter nur wenige Schritte voneinander entfernt. Keine Frage: Paderborn hat viele Gesichter, gerade das macht die Stadt, deren Geschichte 776 mit der Errichtung einer Pfalz durch Karl den Großen in der Nähe der Paderquellen beginnt und in der 1614 die erste Universität Westfalens gegründet wurde, so anziehend und attraktiv. Für viele Paderborner ist die über 1200 Jahre alte Domstadt jedenfalls vor allem eines: die schönste Stadt in Ostwestfalen-Lippe. Es ist eine Schönheit mit vielen Facetten. Schon beim Bummel durch das Zentrum der rund 145.000 Einwohner zählenden

Bild oben:
Die Umgebung bei Hövelhof.
Bild unten:
Das Dreihasen-Fenster am Paderborner Dom.

„Der Hasen und der Löffel drei, und doch hat jeder Hase zwei."

Vers, der in knapper Form das Drei-Hasen-Fenster beschreibt

Kreisstadt zeigt sich das Nebeneinander der verschiedenen Baustile: Die Reste der karolingischen Kaiserpfalz markieren den Ort, an dem Karl der Große 777 die erste Reichsversammlung auf sächsischem Boden abhielt. Die ottonisch-salische Kaiserpfalz an der Nordseite des Doms hat man hingegen aufgrund von Ausgrabungsergebnissen in den 1970er-Jahren rekonstruiert: Der Bau wurde auf den Fundamenten aus dem 11. Jahrhundert neu errichtet. Er beherbergt heute das Museum in der Kaiserpfalz, das unter anderem Grabungsfunde aus karolingischer Zeit zeigt. In unmittelbarer Nachbarschaft befindet sich die Bartholomäuskapelle, die um 1017 erbaut wurde und als älteste Hallenkirche nördlich der Alpen gilt.

Der mächtige, über 100 Meter lange Paderborner Dom ist zwar im Wesentlichen ein gotisches Bauwerk, der 93 Meter hohe Westturm aber wurde noch im romanischen Stil errichtet. Bekannt ist der Kirchenbau für ein kleines, fast unscheinbares Detail: Das Drei-Hasen-Fenster im Kreuzgang stammt aus dem 16. Jahrhundert und gibt dem Betrachter seit jeher Rätsel auf. Welche Symbolik verbirgt sich hinter den drei Hasen, die so geschickt vom Künstler angeordnet wurden, dass jeder Hase zwei Ohren hat, obwohl doch nur insgesamt drei Ohren abgebildet wurden?

Der Lippesee bei Paderborn ist ein beliebtes Ausflugsziel: Die Tretboote bleiben bei gutem Wetter nicht lange ungenutzt.

Zu den markantesten Gebäuden Paderborns zählt das dreigiebelige Rathaus, das zu Beginn des 17. Jahrhunderts im Stil der Weserrenaissance erbaut wurde. Auch die ehemalige fürstbischöfliche Residenz Schloss Neuhaus im gleichnamigen Stadtteil ist eines der typischen Beispiele dieses Baustils. Anlässlich der Landesgartenschau 1994 wurde das Schloss restauriert und der Barockgarten nach einem Originalplan aus dem 18. Jahrhundert neu angelegt.

Den Bogen von der Vergangenheit bis in die Zukunft spannt das Heinz Nixdorf Museum und überbrückt dabei mühelos 5000 Jahre. Es geht um die Geschichte der Informationstechnik von den ersten Zahlen und Schriftzeichen in Mesopotamien 3000 v. Chr. bis zu den Superrechnern der Gegenwart. Schreib- und Rechenmaschinen werden ebenso gezeigt wie antiquiert anmutende Telefonvermittlungsanlagen aus den 1950er-Jahren und Bauteile der ersten Computer, die so groß waren, dass sie ein ganzes Zimmer ausfüllen.

So reizvoll wie Paderborn selbst ist auch das Umland. Östlich der Stadt erhebt sich das waldreiche Eggegebirge, im Süden grenzt die Paderborner Hochebene bereits ans Sauerland, weiter nördlich liegt die Senne mit ihren Sanddünen und typischen Heidelandschaften. Das Paderborner Land ist auch bei Wanderern beliebt. Wanderrouten wie etwa der 17 Kilometer lange Emsquellen-Wanderweg, der den Ursprung der Ems bei Hövelhof erschließt, gelten längst als Vorzeigeobjekte und – im wahrsten Sinne des Wortes – als wegweisend für die Zukunft des Wandertourismus. Nach strengen Kriterien wurden von den Touristikern mehrere dieser so genannten „Topwege“ durch das Paderborner Land geschaffen. Sie alle weisen regionaltypische Eigenarten auf, bieten Ausblicke auf abwechslungsreiche Landschaften, die Gaststätten am Wegesrand versprechen gastronomische Erlebnisse aus der regionalen Küche. Einige der Wege beginnen und enden sogar dort, wo es nach Meinung der Paderborner am schönsten ist: in Paderborn selbst.

Einer der schönsten Weserrenaissance-Bauten ist das Rathaus in Paderborn.

Rund um Schloss Neuhaus wurde der Barockgarten neu angelegt.

1 SENNESCHÄFEREI HÖVELHOF

Wenn in der Stapeler Heide eine Gruppe Infanteristen im Kampfanzug aus dem Gebüsch bricht, beschränkt sich die „Manöverkritik" der Schafe auf ein kurzes Blöken und einige Schritte seitwärts. Die Heidschnucken kennen den Anblick der Uniformierten und widmen sich rasch wieder ihrer Lieblingsnahrung: Besenheide, Birke und Bentgras.

Lange bevor die moderne Landwirtschaft dem Senne-Idyll einen Einheitsstempel aufdrücken konnte, belegten die Militärs Ende des 19. Jahrhunderts große Teile des Gebietes. Dadurch blieb in den Truppenübungsplätzen „Senne" und „Stapelage" eine historische Kulturlandschaft erhalten, die man sonst nur von alten Fotos kennt: halboffene Zwergstrauchheiden, großflächige, von flachen Dünen durchsetzte Sandmagerrasen, lichte Kiefernwäldchen, klare Bäche und Heidemoore. Nirgendwo in Nordrhein-Westfalen gibt es ein bedeutenderes Ensemble von Naturschätzen. Sie entwickelten sich auf den nährstoffarmen, sauren Sanden, die am Ende der vorletzten Eiszeit dort abgelagert worden sind. Die Bodennutzung war durch Schafweide und Plaggenwirtschaft geprägt.

Einen ähnlichen Effekt wie das Schälen der Böden oder die Weidewirtschaft hatten später die Heidebrände, die durch den militärischen Übungsbetrieb entfacht wurden. Sie drängten den sich ausbreitenden Kiefernwald immer wieder einmal zurück. Die Feuer bedeuteten allerdings ein unkalkulierbares Risiko. So einigten sich in den 1980er-Jahren die britischen Platzherren mit den Mitgliedern der „Arbeitsgruppe Landschaftspflege und Artenschutz e.V." (ALA), des heutigen NABU-Kreisverbandes Paderborn, dass der offene Charakter der Landschaft erhalten werden sollte. Gemeinsam begann man, den Gehölzaufwuchs auf den Flächen zu beseitigen, die für den Naturschutz besonders wertvoll sind. Doch für Handarbeit war das Gebiet zu groß. Der Wettlauf gegen Birke und Kiefer war nur

SEHENSWERT

Schule Hövelhof-Riege
Im Hövelhofer Ortsteil Riege, an der Junkernallee 20, befinden sich in der 1815 erbauten Dorfschule das Dorfschulmuseum Riege und die Biologische Station Kreis Paderborn/Senne. Hier können Besucher historischen Unterricht erleben – frei nach der alten preußischen Schulordnung. In verschiedenen Ausstellungsräumen gibt es über 1000 historische Bücher und Exponate von der „Laterna Magica" bis zum ersten Tonfilmgerät der Schule. Das Dorfschulmuseum ist für Gruppen ab zwölf Personen nach Terminvereinbarung geöffnet. Einzelpersonen können sich Gruppen anschließen.

■ Informationen
Tel. 05257 / 37 85
www.hoevelhof.de

■ Informationen
Senneschäferei der Biologischen Station Kreis Paderborn
Sennestraße 233
33161 Hövelhof
(nahe dem Eingang zum Truppenübungsplatz)
Tel. 05257 / 69 33
www.biologische-station-paderborner-land.de

Einen Eindruck von der Schönheit und ökologischen Bedeutung der Senne können Besucher in den Randgebieten wie im Naturschutzgebiet Moosheide bekommen, das Zentrum der Senne ist wegen der militärischen Übungen und der Blindgängergefahr für die Öffentlichkeit gesperrt.

■ Kinder
www.nrw-entdecken.de

mithilfe einer genügsamen Schafherde zu gewinnen.

Das Experiment „friedliche Koexistenz“ klappt seither vorbildlich – dank gegenseitiger Rücksicht und täglicher Absprachen. So geht die Herde im Sommer schon im ersten Morgengrauen in die Heide. Wenn um neun Uhr die Schießübungen beginnen, müssen die Schnucken die Schusslinie geräumt haben. Hinter einem mobilen Zaun widmen sie sich der Verdauung. Ab 16.30 Uhr dürfen sie dann eine zweite Mahlzeit einnehmen. Der winterliche Kurztag reicht dagegen nur für einen Weidegang. Jeden Morgen erkundigt sich die Schäferei deshalb bei der britischen Range Control danach, wo die Schafe weiden können.

Heute bilden 450 Mutterschafe den Stamm der Herde. Gemeinsam mit ihnen werden acht Böcke gehütet, aber erst im Herbst und nur für wenige Wochen. Sie kennen ihre Aufgabe. Die herbstlichen Flitterwochen bieten Gewähr, dass alle Lämmer im zeitigen Frühjahr zur Welt kommen. Zusammen mit den Schnucken sind auch knapp 20 Ziegen unterwegs. Im Gegensatz zu den Schafen richten sie sich gern an jungen Bäumen auf und ziehen die Zweige herunter. Auf diese Weise ergänzen sich beide Arten bei der Landschaftspflege. Zickiges Betragen wie Hörnereinsatz gegen Lämmer duldet Renate Regier, die Schäfermeisterin, nicht. „Wer sich nicht benimmt, fliegt raus“, sagt sie freundlich lächelnd. Was das genau bedeutet, beantwortet sie mit der

Aufzählung der Produkte, die man ab Hof kaufen kann: Neben Fellen, Schnuckenfleisch und -salami sowie herzhaften „Heideknackern" ist nämlich auch Ziegenmettwurst im Angebot.
Die Heidschnucken-Schäferei hat sich inzwischen zu einem bedeutenden Publikumsmagneten entwickelt. In jedem Jahr kommen mehrere Tausend Besucher hierher, insbesondere zur Lammzeit im März und April oder am Tag der offenen Tür jeweils Ende August, dem so genannten „Heideblütenfest".
Wer feststellen möchte, was dran ist am Kinderbuchklischee des Schäferberufs, kann sich die Arbeit der Schäfer Markus Laabs und Renate Regier gerne anschauen, oder besser noch, ehrenamtlich helfen. „Hier ist immer etwas zu tun, und natürlich sind auch wir fremdbestimmt", fasst die geduldige Schäferin die Tätigkeiten zusammen. „Aber den Tagesablauf diktieren hier garantiert die vierbeinigen, keine zweibeinigen Schafe."

■ Die NRW-Stiftung errichtete in Hövelhof einen Heidschnuckenstall für Schafe, die für die Biotoppflege in der Senne eingesetzt werden.

2 FREILICHTBÜHNE SCHLOSS NEUHAUS

Ein Erlebnis der besonderen Art für die ganze Familie ist ein Besuch der Freilichtbühne Schloss Neuhaus: Mitten im Schlosspark, umgeben von Bäumen, bietet die kleine Bühne Platz für 600 Zuschauer. Jeden Sommer seit 1957 finden hier unter freiem Himmel Theateraufführungen statt; inzwischen ist die Freilichtbühne zu einem festen Bestandteil des kulturellen Lebens in Paderborn geworden und lockt bis zu 6.000 Zuschauer pro Saison (Mai bis September) in den Park. Besonderen Kitzel verleiht dabei die Nähe zur Natur – und die Abhängigkeit vom Wetter, denn anders als im Theater müssen hier die natürlichen Gegebenheiten ins Stück einbezogen werden.

Das Programm der Laienbühne wendet sich vor allem an Kinder und Jugendliche. Die Nachwuchsförderung und die Integration von Behinderten liegt dem Verein Freilichtbühne Schloss Neuhaus e.V. besonders am Herzen: So bieten die Mitglieder Führungen über das Bühnengelände an oder ermöglichen Gespräche mit Darstellern. Und: Mitmachen ist ausdrücklich erwünscht – nicht nur beim Improvisationstheater, sondern auch bei der Mitarbeit im Verein.

Informationen
Freilichtbühne Schloss Neuhaus
Am Schloßgarten
33104 Paderborn
Tel 05254 / 862 77
www.freilichtbühne-schlossneuhaus.de

Die NRW-Stiftung unterstützte die Sanierung und Erweiterung des Bühnenhauses und der Zuschauertribühne.

3 FRANZISKANERKLOSTER RIETBERG

Die gute Gesellschaft Rietbergs hat sich im 18. Jahrhundert ein gläserndes Denkmal gesetzt: Den Kreuzgang des ehemaligen Franziskanerklosters am Rand der Altstadt zieren 16 Wappenscheiben, eingelassen in die Rundbogenfenster. Für die Neubaumaßnahmen der Jahre zwischen 1716 und 1726 benötigten die Franziskanermönche viel Geld – und waren auf Spenden der Rietberger Bürger angewiesen. Im Gegenzug fertigten die Mönche die bunten Glasfenster. Ein Rad, ein Burgturm, gekreuzte Schwerter: Im Zentrum der Kunstwerke stehen die Familienwappen. Darunter gibt ein schwungvoller Schriftzug Auskunft über den Namen des Stifters und über das Entstehungsdatum. Die Wappenscheiben zeigen das Bedürfnis der Bürger, auch nachfolgenden Generationen in Erinnerung zu bleiben. Doch dieses Ziel wäre beinahe verfehlt worden. Denn mit der Schließung des Franziskanerklosters verließen 1970 auch die Wappenfenster Rietberg. Die Mönche gaben sie zur Verwahrung dem Westfälischen Landesmuseum in Detmold. Die Bemühungen des Heimatvereins, die gläsernen Kunstobjekte in ihre ursprüngliche Umgebung zurückzuholen, hatten 1990 Erfolg. Nach einer umfassenden Restauration in einer Paderborner Glasmalerei-Werkstatt sind sie seit 1995 wieder Prunkstück der Klosteranlage.

■ Informationen

Besucher können die Wappenfenster im Rahmen einer Stadtführung des Heimatvereins Rietberg besichtigen.
Tel. 05244/ 73 22
www.rietberg.de

■ Im ehemaligen Franziskanerkloster in Rietberg half die NRW-Stiftung bei der Restaurierung historischer Wappenscheiben.

Hier wird Unterricht zu einem Naturerlebnis: das Baumhaus in Neuenbeken.

4 BAUMHAUS NEUENBEKEN

Tagein, tagaus im gleichen Klassenraum Unterricht zu haben kann auch begabte Schüler und motivierte Pädagogen irgendwann langweilen. Für Abwechslung im Schulalltag der Kinder von Neuenbeken sorgt regelmäßig ein Tapetenwechsel besonderer Art. Vor den Fenstern des neuen Klassenzimmers wiegen sich die Baumkronen im Wind, und in der „Tapete“ aus Eichen- und Buchenlaub turnen die Vögel herum. Das Baumhaus Neuenbeken, von dem aus die Schüler die Natur kennenlernen können, steht nämlich am waldreichen Hang des Ziegenbergs.

Vom hölzernen Podest am oberen Rand einer Schneise blickt man über die grünen Höhen zum Naturpark Teutoburger Wald/Eggegebirge. Acht Meter hoch thront das Holzhaus mit seiner dem Bekebachtal zugewandten Seite über dem Waldboden, an der Hangseite sind es immerhin zweieinhalb Meter. Wie es sich für ein richtiges Baumhaus gehört, ist es mit den lebenden Bäumen – in diesem Fall Eichen – verbunden. Sein Gewicht ruht jedoch auf Stelzen, die mit Punktfundamenten im Boden verankert sind. Gebaut wurde nur mit Lärchen- oder Eichenholz. Die Stadtförsterin machte den Neuenbekern die Stämme zum Geschenk, als Orkan Kyrill für ein Überangebot gesorgt hatte.

Der in luftiger Höhe errichtete „Hochsitz“ ist allerdings nicht einfach zusammengenagelt wie die Hütten auf einem Abenteuerspielplatz. Ein Statikerbüro führte Planung und Bauzeichnung

SEHENSWERT

Altenbekener Viadukt

Die Gemeinde führt sein Bild im Wappen, und auch unzählige Touristen dürften ihn bereits fotografiert haben: den 1853 eingeweihten und denkmalgeschützten Altenbekener Viadukt. Die heutige Eisenbahnbrücke ist 482 Meter lang, 35 Meter hoch und überspannt mit 24 Bögen die Beke. Drei Kilometer westlich der größten Kalksandsteinbrücke Europas liegt der Kleine Viadukt.

■ Informationen
www.altenbeken.de

aus, und im Sommer und Herbst 2008 verbauten Handwerker und Dutzende freiwilliger Helfer nach und nach 30 Tonnen Material: Balken und Bretter, 14.000 Schrauben, die Dacheindeckung, Regenrinnen, Tür und Fenster. Die Inneneinrichtung wurde klassischen Schulbänken nachempfunden und bietet 28 Kindern Platz.
Schon der Weg von Neuenbeken zum Baumhaus über den Bekebach und durch den Mischwald bietet reichlich biologisches Anschauungsmaterial und reizvolle Naturerfahrungen.
Das Baumhaus wurde, wie in Neuenbeken bei Großprojekten üblich, unter der Federführung der „Arbeitsgemeinschaft der Vereine Neuenbeken" errichtet. Die Senioren des Dorfes legten derweil Hammer, Säge und Schraubendreher bereit, 2600 Arbeitsstunden investierten sie als Eigenleistung in den Bau des Holzhauses. Honorar gab es für die Zimmermanns- und Ausbauarbeiten nicht – das war Ehrensache.
Ortsvorsteher Helmut Pütter sieht in dieser Solidarität das eigentliche Erfolgsgeheimnis: „Unser Geschäftsmodell zeichnet sich dadurch aus, dass niemand ein Geschäft macht, aber alle Beteiligten stolz und zufrieden sind."

Das Baumhaus bietet vorrangig für Grundschulen ein umweltpädagogisches Programm an.

Informationen

Baumhaus Neuenbeken
Horner Hellweg 100 (am sog. Ziegenberg)
33100 Paderborn,
Stadtteil Neuenbeken

Die NRW-Stiftung half bei der Einrichtung eines Grünen Klassenzimmers im Baumhaus Neuenbeken, das für den Naturkundeunterricht genutzt wird.

5 SALZKOTTEN: ÖL UND SALZ

Lange Zeit erinnerte nur ein Straßenname an ihren einstigen Standort: „Ölweg“. Er wies in den Jahren nach 1967 auf die frühere Existenz der Salzkottener Ölmühle hin. Seit Anfang der 1990er-Jahre ist alles anders: Mit dem Wiederaufbau der Mühle ist an der Heder die alte Technik des Ölschlagens wieder aufgelebt. Charakteristikum des Bauwerks ist der so genannte Kollergang mit den senkrecht stehenden Mühlsteinen.
Unweit des heutigen Bauwerks hatte schon 1578 die Original-Mühle gestanden.
Die heute zu besichtigende Rekonstruktion basiert allerdings auf einer etwas „jüngeren“ Technik: Sie enthält das Innenleben der alten Rüther'schen Ölmühle aus Büren-Wewelsburg, die in einem Testament von 1867 erstmals schriftlich erwähnt wurde. Das Bauwerk stand an der Alme, einem Vorfluss der Heder, und schon seit 1930 hatten sich die Mühlräder nicht mehr gedreht. Mitte der 1980er-Jahre, als die Mühle stark vom Verfall bedroht war, erwarben die Mitglieder des „Salzkottener Fördervereins für kulturhistorische Bauten und Bauwerke“ deren Innenleben. Mit dem Mahlwerk verfügten sie über die optimale Grundlage zur

SEHENSWERT

Gradierwerk
Das neue Gradierwerk in Salzkotten wurde 1997 zum 750-jährigen Bestehen der Stadt südlich des alten Gradierweges auf Initiative des Heimatvereins gebaut und wird mit dem Solewasser der Quelle „Neuer Sprudel“ gespeist. Direkt neben der Quelle sind Kneipp‘sche Anwendungen möglich. Das frühere Gradierwerk, geplant und gebaut von Pfarrer Philipp Korte, wurde 1920/21 abgerissen.

■ Informationen
www.salzkotten.de

Rekonstruktion ihrer eigenen Mühle. Im Franz-Kleine-Park in Salzkotten wurde die historische Mühlentechnik originalgetreu wiederaufgebaut – in einem ebenfalls aus altem Material neu errichteten Fachwerkhaus.
Seit 1994 können sich Besucher in der voll funktionsfähigen Mühle ein eindrucksvolles Bild von der alten Handwerkstechnik machen. Hier lässt sich Öl aus Lein-, Mohn-, Raps- und Rübsamen, Bucheckern und Sonnenblumenkernen gewinnen. Die Mühlsteine im Kollergang zerquetschen die Ölfrüchte, indem sie sich in einem Holzbottich auf einem dritten Stein, dem Erdstein, drehen. In einem zweiten Arbeitsschritt wird in der Stampfe das Öl aus der Fruchtmasse herausgepresst. Der Druck im Mahlgut beträgt dabei etwa 170 bar. Ein Wasserrad treibt Kollergang und Stampfe gleichzeitig an. Seinerzeit waren für die Verarbeitung von zwei Zentnern Ölfrüchten etwa zwölf Stunden erforderlich. Lohn der Mühen: rund 34 Liter Öl.
Heute finden in der Salzkottener Mühle neben Vorführungen auch Vorträge zu heimatkundlichen Themen sowie Ausstellungen statt.

Informationen

Ölmühle Salzkotten
Auf der Handwerksinsel im Kleine-Park
33154 Salzkotten
Tel. 05258 / 64 21
www.oelmuehle-salzkotten.de
www.handwerksinsel.de

Öffnungszeiten:
Jeden 1. Sonntag im Monat 9-18 Uhr
Nach den Vorführungen kann das Öl gekostet werden.

In Salzkotten konnte mithilfe der NRW-Stiftung die alte Ölmühle wieder hergerichtet und ein Gradierwerk errichtet werden.

6 WEWELSBURG

Die zwischen 1603 und 1609 im Stil der Weserrenaissance errichtete Wewelsburg liegt über dem Almetal in Büren. Sie ist Deutschlands einzige heute noch erhaltene Burg mit dreieckigem Grundriss. In ihrer heutigen Form wurde sie vom Paderborner Fürstbischof Friedrich von Fürstenberg erbaut und diente als Nebenresidenz der Fürstbischöfe. Heute befinden sich in der Burg eine Jugendherberge und das Kreismuseum Wewelsburg, in dem in zwei Abteilungen die bewegte Geschichte der Burg und der Region dokumentiert wird.

Im Historischen Museum des Hochstifts Paderborn, das sich im Süd- und Ostflügel der Burg befindet, erfahren Besucher Wissenswertes über die Geschichte des Fürstbistums: Von den Anfängen der Besiedlung bis zur Säkularisation zu Beginn des 19. Jahrhunderts wird die Geschichte des Hochstifts anschaulich dargestellt: Sakrale Kunst, Heiligenfiguren und Madonnenbilder sind hier zu sehen. Ritterrüstung und Kettenhemd berichten vom Leben in der mittelalterlichen Landesburg; Verhörraum und Verlies lassen erahnen, wie es zu Zeiten der Hexenverfolgung zugegangen ist. Die regionalgeschichtliche Ausstellung gibt aber nicht nur umfassend Auskunft über das Leben im Mittelalter, es lässt Besucher auch daran teilhaben: Kinder können bei besonderen Führungen in ein Kettenhemd schlüpfen, um festzustellen, wie viel Gewicht ein Ritter mit sich herumtragen musste. In der alten Bleiwäscher Schmiede können Besucher nicht nur dem Schmied bei seinem Handwerk zusehen, sondern haben auch die Gelegenheit, sich unter fachkundiger Anleitung einmal selbst an Hammer und Blasebalg zu versuchen. Ein besonderes Erlebnis für Gruppen sind die themenbezogenen Führungen auf der Burg oder eine nächtliche Führung auf dem dunklen Burggelände.

Die Erinnerungs- und Gedenkstätte Wewelsburg 1933–1945 befindet sich im ehemaligen SS-

Informationen

Kreismuseum Wewelsburg,
Burgwall 19
33142 Büren-Wewelsburg
Tel.: 02955 / 76 220
www.wewelsburg.de

Öffnungszeiten:
Di – Fr 10-17 Uhr
Sa/So 10-18 Uhr

Kinder

- Kindergeburtstag
- Führungen
- Archäologische Schnitzeljagd

Für das Kreismuseum Wewelsburg in Büren erwarb die NRW-Stiftung wertvolle Exponate aus der Asselburger Glassammlung. Zudem half sie bei der Einrichtung der Ausstellungseinheit „Jüdisches Leben im Hochstift Paderborn“.

Teile der Glassammlung Asseburg wurden mit Mitteln der NRW-Stiftung gekauft.

Wachgebäude am Vorplatz der Burg. Die dortige Dauerausstellung „Ideologie und Terror der SS" beleuchtet ein eher dunkles Kapitel in der Geschichte der Wewelsburg, die 1934 an die SS vermietet wurde. Die Burg sollte Schulungsstätte für SS-Offiziere werden, später gab es Pläne, die Burg zu einer abgeschotteten Versammlungsstätte für die höchsten SS-Offiziere zu machen. Eine gigantische Burganlage sollte entstehen – Häftlinge eines speziell für die Bauvorhaben eingerichteten Konzentrationslagers mussten hier Zwangsarbeit leisten, viele kamen in Folge der Arbeits- und Haftbedingungen um. Heute sind noch zwei Räume im Nordturm erhalten – die „Gruft" und der „Obergruppenführersaal" –, die auch als Teil der Ausstellung zu besichtigen sind. Zusätzlich zu den beiden Museumsabteilungen gibt es in der Burg immer wieder wechselnde Sonderausstellungen, die den thematischen Kontext der Dauerausstellungen aufgreifen und weiterführen.

7 SAUERTAL

Die Sauer ist ein merkwürdiges Flüsschen: Zum einen ist sie nicht sauer; der Flussname leitet sich vielmehr von „sor“ ab, was so viel wie „trocken“ bedeutet. Und damit wären wir bei einer weiteren Merkwürdigkeit: Denn die Sauer versickert in rätselhaften Löchern, bevor sie überhaupt richtig in Fahrt gekommen ist. Trotzdem hat sie ein tiefes Tal geschaffen. Und noch etwas ist bemerkenswert: Zehn Kilometer vom Ort ihres Verschwindens entfernt drängt sie mitten in Paderborn wieder ans Licht, allerdings unter einem anderen Namen. Die Sauer ist damit einer der spektakulärsten so genannten Karstbäche in Nordrhein-Westfalen. Landschaftlich besonders schöne Abschnitte befinden sich am Mittellauf, im „Naturschutzgebiet Sauertal“.

Weinbergschnecke.

Folgt man den Bächen des Egge-Westhanges mit dem Finger auf der Landkarte, stellt man fest, dass die blauen Adern plötzlich abreißen. Auch die Sauer, die ein tiefes Kerbtal in die Hochfläche gesägt hat, wird hier zur unterbrochenen Strichelspur. Was man für einen Fehldruck halten könnte, ist die korrekte kartografische Darstellung eines so genannten „Karst-Trockentals“. In Regenzeiten oder während der Schneeschmelze plätschert hier ein Bach. Dann wieder macht er sich dünne oder verschwindet gurgelnd wie durch den Abfluss einer Badewanne im Untergrund. „Schwalglöcher“ heißen diese Naturgullys. Wo das Wasser hinfließt, ist erst seit gut 100 Jahren bekannt: Färbeversuche zeigten, dass die Sauer zehn Kilometer entfernt wieder ans Tageslicht kommt – in Gestalt der Paderquellen mitten in Paderborn.

Neben den Bachschwinden findet man weitere Karstformen: Quellschwemmkegel, Dolinen und Höhlen – das Land ist offenbar nicht ganz dicht. Versickerndes Oberflächenwasser hat die 90 Millionen Jahre alten Kreidekalke gelöst, dünne Ritzen zu Klüften erweitert und Höhlen in den Untergrund gefressen. Die größte ist fast 250 Meter lang. Zum Schutz vor Unfällen,

Landschaftlich besonders schöne Abschnitte befinden sich am Mittellauf der Sauer, im „Naturschutzgebiet Sauertal".

aber auch um den „Hausfrieden" seltener Fledermäuse nicht zu brechen, wurde ihr Eingang vor einigen Jahren vergittert.
Auch die Neuntöter in den Tälern der Paderborner Hochfläche haben eine gute Wahl getroffen. Ihr Lebensraum ist erstaunlich vielfältig: Halbtrockenrasen mit vielen Einzelgebüschen, magere Weiden und Wiesen, hier und dort unterbrochen von wärmeliebenden Laubwäldern und Felsen. Am Oberlauf der Sauer, wo basenarme Gesteine den Untergrund bilden, gibt es auch Borstgrasrasen und kleine Moore.
Die Landesnatur machte es dagegen den Bauern nicht gerade leicht: steile, schwer zu bewirtschaftende Hanglagen, ertragsarme Böden. Als das Tal im Jahr 2000 Naturschutzgebiet wurde und die NRW-Stiftung die ersten 120 Hektar kaufte, wurde es einfacher. Warum, erklärt Christian Finke von der Biologischen Station im Südkreis Paderborn: „In den vergangenen 50 Jahren ließen die Eigentümer unter dem wirtschaftlichen Druck die Hänge brach liegen oder sie forsteten sie mit Nadelbäumen auf. Wenn sie jetzt die Flächen pachten, um sie zu beweiden, verpflichten sie sich, die Auflagen des Naturschutzes einzuhalten. Das rechnet sich, denn die naturschonende Bewirtschaftung wird gefördert. Zugleich sind sie stolz auf ihren Beitrag zum Erhalt dieses historischen Erbes."

Informationen

Das Sauertal liegt zwischen Paderborn und Lichtenau auf der Paderborner Hochfläche. Die NRW-Stiftung erwarb mit maßgeblicher Unterstützung der Verwaltung für Agrarordnung in Warburg in den vergangenen Jahren für Zwecke des Naturschutzes etwa 120 Hektar Land im Sauertal bei Grundsteinheim. Das landschaftlich reizvolle Gebiet wird von der Gemeinschaft für Naturschutz im Altkreis Büren e.V. betreut.

8 PATRIMONIALGERICHT

SEHENSWERT

Haus Hucht

In Büren-Siddinghausen unterstützt die NRW-Stiftung den „Förderverein Heimathaus" bei der denkmalgerechten Instandsetzung des kleinbäuerlichen Queerdeelenhauses „Haus Hucht". Es gilt als letztes erhaltenes Beispiel dieses Haustyps, das hier in seinem ursprünglichen Zustand erhalten geblieben ist. Das Heimathaus zeigt die bescheidenen Lebensverhältnisse der dörflichen Kleinbauern im letzten Drittel des 19. Jahrhunderts.

Hinter der hölzernen Tür hört man jemanden husten. Kettenringe hängen an der Wand, eine Ratte kauert in der fensterlosen engen Zelle nebenan: Der Zellentrakt im Keller des Alten Gerichts Fürstenberg lässt die Umstände, unter denen Gefangene hier untergebracht wurden, lebendig werden. In dem 1736 erbauten Justizgebäude können Besucher in die Geschichte der Rechtsprechung eintauchen.

Bis ins 19. Jahrhundert hinein befanden sich viele Gerichte in privater Hand. Richter wurden vom in der Regel adligen Gerichtsherrn eingesetzt, der überdies Einfluss auf den Verfahrensverlauf nehmen konnte. Das bedeutete zwar nicht unbedingt vollkommene Willkür bei der Rechtsprechung, aber von einer unabhängigen Justiz im heutigen Sinne konnte nicht die Rede sein. Das Alte Gericht in Fürstenberg war ein so genanntes Patrimonialgericht, die Rechtsinstanz einer adligen Gutsherrschaft – in diesem Falle der Grafen von Westphalen zu Fürstenberg –, die im Spätmittelalter die richterliche Hoheit über die auf ihren Ländereien lebenden Menschen hatte. Bis zu 50 solcher Gerichte, die in erster Linie kleinere Streitigkeiten verhandelten, gab es im Paderborner Land. Das Fürstenberger

Patrimonialgericht nimmt unter ihnen eine Sonderstellung ein: Es besaß im Gegensatz zu den meisten anderen Patrimonialgerichten auch die hohe Gerichtsbarkeit, es durfte also schwere Delikte aburteilen und Strafen an Leib und Leben aussprechen.

Besonders viele Todesurteile sprach das Gericht zur Zeit der Hexenverfolgung aus. Zu besichtigen ist heute noch der Vollstreckungsort für viele Todesurteile: Nahe der Ortschaft Eilern erinnert am Eilernberg ein hölzerner Galgen an die frühere Galgenstätte. Und vor dem Gerichtsgebäude weist der Pranger auf die damals übliche und häufig praktizierte öffentliche Bloßstellung der „armen Sünder" hin. Lange Gefängnisstrafen jedoch wurden bis zum 19. Jahrhundert in Deutschland selten verhängt. Die Zellen im Keller des Alten Gerichts dienten vornehmlich dazu, die Flucht von Angeklagten zu verhindern oder zum Tode verurteilte Gefangene bis zur Vollstreckung festzuhalten.

Die mit Unterstützung der NRW-Stiftung eingerichtete Ausstellung „Macht und Ordnung – Recht und Gerechtigkeit" gibt einen authentischen Einblick in die Entwicklung der Rechtsprechung in der Region: Zwar werden auch die grausamen Seiten dargestellt, doch es wird deutlich, dass sehr häufig alltägliche Dinge wie Grundstücksverkäufe und Eheverträge auf der Tagesordnung der Richter standen.

Informationen

Altes Gericht Fürstenberg
Am Schlosspark 5
33181 Fürstenberg / Bad Wünnenberg
Tel. 0170 / 24 88 793
Tel. 0151 / 19 13 06 75
www.altes-gericht-fuerstenberg.de

Öffnungszeiten
So 14-17 Uhr sowie nach Vereinbarung

Kinder

- Teile der Ausstellung sind „kindgerechte Themenwelten"

Die NRW-Stiftung richtete im denkmalgeschützten Alten Amtsgericht eine Ausstellung zur Rechtsprechung im Paderborner Land ein.

Blick in den historischen
Zellentrakt aus dem 18.
Jahrhundert.

9 WEHRTURM

Zehn Jahre verhandelte der Heimatverein Bad Wünnenberg mit Behörden, suchte Geldgeber, veranstaltete für den Wiederaufbau des Wehrturms Historische Märkte und ließ sich auch von Rückschlägen nicht entmutigen. Irgendwann zahlte sich diese Hartnäckigkeit aus: Mit finanzieller Unterstützung und vor allem eigener Muskelkraft bauten sie das Wahrzeichen ihrer Stadt, den alten Wehrturm aus dem 13. Jahrhundert, wieder auf.

Wer am Fuße des mittelalterlichen Bauwerkes steht, kann sich kaum vorstellen, dass hier vor ein paar Jahren nur der Rest einer Ruine stand und der Turm eigentlich nagelneu ist. Das 20 Meter hohe Monument besteht nämlich aus genau den Steinen, die vor vielen hundert Jahren den Originalturm bildeten. An die alten Steine heranzukommen erwies sich als eine schwierige Aufgabe: Im Jahr 1725 hatte zum dritten Mal ein Großbrand die Stadt Wünnenberg zerstört, die Wohnhäuser lagen in Schutt und Asche. Die Menschen brauchten dringend Material für ihre Häuser, deshalb wurde die Wehranlage für den Wiederaufbau freigegeben. 300 Jahre später haben die Mitglieder des Heimatvereins Bad Wünnenberg das tonnenschwere Baumaterial aus den inzwischen teilweise abgerissenen Häusern mühsam wieder zusammengetragen.

Ein halbes Jahr lang schufteten die Mitglieder des Heimatvereins ehrenamtlich bis zu 14 Stunden täglich. Die wieder vermauerten Steine wogen teilweise zwei Zentner oder mehr. Alle zusammen waren gut 12.000 Tonnen schwer. Es galt, bis zu 2,40 Meter dicke Mauern aufzuschichten – und das auf acht Mal sieben Metern in Länge und Breite. Das ursprüngliche Material reichte nicht ganz aus, den Turm originalgetreu wieder aufzubauen. Doch auch hier scheute der Heimatverein keine Mühen und arbeitete historisch korrekt. Die Mitglieder schafften Material aus den Steinbrüchen der Umgebung heran. Durch Tonscherben wurde der historische

■ Informationen

Heimatverein Wünnenberg
Rosenstraße 16
33181 Bad Wünnenberg
www.wuennenberg.de
www.heimatverein-badwuennenberg.de

Führungen lassen sich mit der Vorsitzenden des Heimatvereins Ilse Klinke vereinbaren:
Tel. 02953 / 80 03

■ Die NRW-Stiftung unterstützte den Ausbau und die Einrichtung des Wehrturms für öffentliche Ausstellungszwecke.

Ruinenstumpf vom neu aufgebauten Wehrturm getrennt.
Beim Nachbau diente ein Stich aus dem Jahr 1657 als Vorlage. Darauf war auch das Schieferdach zu erkennen. Mitglieder des Heimatvereins Wünnenberg bauten aus dem Holz von 67 Eichen den neun Tonnen schweren Dachstuhl nach und deckten ihn mit heimischem Schiefer. Rudolf Ebbers, ehemaliger Vorsitzender des Heimatvereins, ist stolz auf das „neue alte“ Wahrzeichen der Stadt: „Der Turm ist ein Schmuckstück für uns Wünnenberger.“ Im Turm sind historische Gegenstände und Fundstücke ausgestellt. Außerdem finden regelmäßig Veranstaltungen im und um den Turm herum statt.

10 HAUS RUPPRATH

Als die „Gemeinschaft für Naturschutz im Altkreis Büren“ das Haus Rupprath zu ihrem Sitz wählte, übernahmen die rund 300 Vereinsmitglieder auch Aufgaben als Denkmalschützer. Denn ihre ursprüngliche Aufgabe sehen sie seit ihrer Gründung in den 1980er-Jahren in der Erhaltung und Pflege alter Kulturlandschaften. Durch gezielte Pflege etwa von Streuobstwiesen schützt die GfN auch den Lebensraum gefährdeter Pflanzen- und Tierarten. Zu den zahlreichen ehrenamtlichen Arbeiten gehört es, Kopfweiden zu schneiden oder Feuchtwiesen von unerwünschten Büschen und Bäumen freizuhalten. Ein großer Teil des praktischen Naturschutzes findet auch im Verborgenen statt. Zahlreiche GfN-Mitglieder engagieren sich etwa durch das Anbringen und Reinigen von Nistkästen, beim Amphibienschutz, in der Obstbaumpflege oder auch im Fledermausschutz.

Im Haus Rupprath bietet der Verein zudem Seminare an. Das markante Fachwerkhaus gilt als Wahrzeichen des Ortes Bad Wünnenberg und wird wegen seiner Lage direkt am alten steinernen Brunnen – nach dem mundartlichen Wort für jene Wasserstelle – auch das „Haus am Kump“ genannt. Es ist seit Mai 2010 Sitz der Gemeinschaft für Naturschutz.

Informationen

Gemeinschaft für Naturschutz im Altkreis Büren e.V., Burgstr. 16
33181 Bad Wünnenberg
Tel. 02953 / 96 59 390
www.gfnev.de

Die NRW-Stiftung beteiligte sich an den Kosten für den Erwerb, den Umbau und die Einrichtung des Hauses als Naturschutzzentrum.

SEHENSWERT

Wallfahrt
Kleinenberg ist überregional als Marienwallfahrtsort bekannt – Anlass ist den Überlieferungen nach das dreimalige Erscheinen eines Marienbildes. Pilger können heute in der Wallfahrtskirche vor dem Gnadenbild der „Helferin vom Berge“ und am Mutter-Gottes-Brunnen innere Einkehr halten. Hauptwallfahrtstage sind der Sonntag nach dem 2. Juli, dem Fest Mariä Heimsuchung, und der 8. September, Mariä Geburt.

■ Informationen
www.wallfahrt-kleinenberg.de

11 KÜSTERSCHULE KLEINENBERG

Im Jahre 1985 hatte man sie bereits zum Abbruch freigegeben: die Küsterschule an der Pöhlen-/Goldstraße in Lichtenau-Kleinenberg. Doch wie so oft war es letztlich den Menschen der Nachbarschaft zu verdanken, dass ein geschichtsträchtiges Haus erhalten blieb. Nach Bekanntwerden der Abriss-Pläne gründete sich zunächst der Arbeitskreis „Alte Schule“, dann 1986 der „Förderverein Heimathaus Kleinenberg“, dessen Ziel im Erhalt des Gebäudes bestand – nicht zuletzt als Heimathaus und Ausstellungsort für zahlreiche Exponate, die Besuchern einen Blick in die Vergangenheit von Haus und Ort – und zwar nicht nur in die schulische – gewähren. Eigentümerin des Gebäudes ist die NRW-Stiftung. Bereits fünf Jahre nach Bekanntwerden der Abbruchpläne konnte der damalige NRW-Ministerpräsident Johannes Rau dem Förderverein das neue Heimathaus komplett restauriert übergeben.
Aktiv sind dort mehrere Arbeitskreise, die sich unter anderem mit den Handwerkstechniken des Töpferns und Webens befassen, im Steinbackofen Brot backen, eine Dorfzeitung erstel-

len oder Volkstänze einstudieren. Und auch ungewöhnliche Projekte haben unter dem Dach der ehemaligen Küsterschule ein neues Heim gefunden: Dazu gehören der Männerkoch-Club des Ortes, ein Jugend- und Seniorentheater sowie ein Computerclub und der Alten-Erzählkreis.

Informationen

Förderverein Heimathaus Kleinenberg e.V.
Pfarrer-Leifferen-Str. 24
33165 Lichtenau-Kleinenberg
www.kleinenberg.de
www.lichtenau.de

Kinder

- Jugendtheater
- Treff für Kids
- Computerclub

Die NRW-Stiftung erwarb und restaurierte die ehemalige Küsterschule in Lichtenau-Kleinenberg, die heute als Heimathaus und Veranstaltungsstätte zur Verfügung steht.

BILDNACHWEIS

- Ahrens, Birgit 80 o.
- Archiv NRW-Stiftung 14, 136, 137
- Bense, Alfons 85 o.
- Biologische Station Lippe 106, 107
- Bünemann, Jürgen 75, 76
- Bünger, Lydia 113
- Die Falkenburg e.V. 118
- Design Studio Minden 88
- Fotolia 14 Mi., 14 u.
- Freilichtbühne Nettelstadt 68, 69
- Freilichtbühne Schloss Neuhaus e.V. 168
- Geselllschaft zur Förderung der Archäologie in Ostwestfalen e. V. 91
- Glader, Hans 6 re., 86
- Grawe, Frank 16, 146 u., 147, 148, 149, 153, 155, 156, 157, 158, 159, 170, 172, 173, 191
- Hedrich, Winfried 79
- Heger, Arne, Die Falkenburg e.V. 120
- Hegert, Bernd 58, 94, 95, 96, 97, 108, 109, 112
- Heimat- und Heringsfängermuseum Heimsen, Petershagen 77, 78
- Herhaus, Frank 155 re. o.
- Höller, Thomas 7 re., 180
- Jähne, Robin 124
- Janfeld, Torsten 85 u., 190
- Koch, Michael 114
- Krause, Johansen 5 li. o.,
- Kreismuseum Wewelsburg 177, 178
- Laabs, Markus 161 o., 166, 167
- Langemeier, Lars 5 re. o., 5 re. u., 6 li., 18, 19, 25, 32, 33, 34, 35, 36, 39, 44, 45, 46, 47, 54, 56, 57, 70, 71, 72, 123, 126, 127, 128, 129, 138, 139, 140, 141, 165, 174, 175, 182, 183, 184, 188, 189
- Mysliworski, Christel 186, 187
- Museum Wiedenbrücker Schule 38
- Ochs, Karl-Heinz 80 u.
- Ostwestfalen-Lippe-Marketing / Projektbüro Hermannshöhen 11, 12, 13, 99, 100, 101, 133, 134, 135
- Preiss, Marie-Luise 103
- Schäfer, Martina 89, 90, 115, 116, 117
- Schmitz, Renate 5 li. u., 17, 20, 81, 82, 85 u., 150, 169
- Schütte, Ingrid 81 o.
- Sell, Thomas 101, 154
- Stadt Bünde 59, 62
- Stadt Herford 51, 52, 53
- Stapelfeldt, Werner 7 li., 21, 22, 24, 26, 29, 30, 40, 41, 42, 43, 48, 60, 63, 64, 66, 67, 73, 74, 92, 93, 102, 104, 105, 110, 111, 130, 131, 142, 144, 145, 146 o.
- Stelzer-Foto 15 o.
- Verkehrsverein Paderborn e.V. 161 u., 162, 163
- Wurm, Harald 49